昭和〜平成

能勢電鉄、阪急宝塚線・箕面線 沿線アルバム

解説　伊原 薫

◎絹延橋車庫　1965（昭和40）年1月1日　撮影：宇野 昭

山下駅を出て川西能勢口駅に向かう610系。先頭の660号は610号と共に非貫通の前面を持つ。窓から興味深げにこちらを見ている子供たちは、遠足に行く途中の小学生だろうか。この付近は日生線の建設に伴って1970年代に線形改良などが行われ、現在の姿となった。
◎山下～畦野　1983（昭和58）年10月23日　撮影：安田就視

能勢電鉄の年表

1905（明治38）年3月30日	能勢電気鉄道として阪鶴鉄道池田駅（現・JR福知山線川西池田駅）～一の鳥居間の電気鉄道敷設を中里喜代吉らが出願。
1907（明治40）年3月4日	能勢口（現・川西能勢口）～一の鳥居間の敷設特許を取得。
1908（明治41）年5月23日	能勢電気軌道（能勢電）として会社が設立される。
1910（明治43）年12月6日	能勢口～一の鳥居間が着工される。
1912（明治45）年6月27日	一の鳥居～吉川（妙見）間の延長が決定される。
1913（大正2）年4月13日	能勢口～一の鳥居間が開業。絹延橋、滝山、皷ケ滝（現・鼓滝）、多田、平野の各駅が開業する。
1913（大正2）年4月21日	一の鳥居～吉川間の特許が交付される。
1913（大正2）年12月2日	猪名川水力電気との電力受給契約を改め、箕面有馬電気軌道と受給契約を締結する。
1914（大正3）年8月6日	神戸地裁から破産宣告を受ける。
1915（大正4）年11月11日	役員・業務態勢などを刷新し、破産管財人から営業を引き継ぐ。
1917（大正6）年8月8日	能勢口～池田駅前（後の川西国鉄前）間が開業する。
1922（大正11）年2月18日	妙見鋼索鉄道が設立する。
1922（大正11）年10月23日	阪神急行電鉄（阪急）が資本参加を開始する。
1923（大正12）年6月27日	池田駅前～伊丹間の特許を取得する。
1923（大正12）年11月3日	一の鳥居～妙見（現・妙見口）間が延伸開業して現在の妙見線が全通。畦野、山下、笹部などの駅が開業する。
1925（大正14）年8月1日	滝谷～中間間の下部線、中間～妙見山間の上部線からなる妙見鋼索鉄道が開業する。
1944（昭和19）年2月11日	戦時下で鉄材を供出するため、妙見鋼索鉄道が廃止（翌年4月に会社解散）される。
1950（昭和25）年5月18日	妙見山のケーブルカーを復活させるため、能勢妙見鋼索鉄道が鋼索線敷設免許を取得する。
1953（昭和28）年8月21日	猪名川に整備した遊水場の最寄り駅として鴬の森駅が開業する。
1958（昭和33）年4月10日	2両連結運転が開始される。
1960（昭和35）年4月22日	黒川～ケーブル山上間の妙見ケーブルが開業する。
1960（昭和35）年8月27日	郷土館前（現・妙見の水広場前）～妙見山間のリフトが開業する。
1961（昭和36）年8月10日	西武鉄道傘下の西武化学による買収への防衛策として倍額増資。資本金9600万円となる。
1963（昭和38）年1月10日	資本金2億円に増資。阪急の持株比率が80％となり、能勢電は阪急の子会社となる。
1965（昭和40）年4月1日	池田駅前が川西国鉄前、能勢口が川西、皷ケ滝が皷滝、妙見が能勢妙見口に、駅名を改称する。
1965（昭和40）年7月1日	川西駅が川西能勢口駅、能勢妙見口駅が妙見口駅に改称する。
1966（昭和41）年1月25日	平野車庫が完成し、絹延橋車庫が廃止される。
1967（昭和42）年11月30日	川西能勢口～鴬の森間が複線化される。
1967（昭和42）年12月3日	車体に直の標識を掲げ、滝山、絹延橋を通過する列車が運転開始される。
1968（昭和43）年7月7日	能勢電が造成した住宅地の最寄り駅として、ときわ台駅が開業する。
1969（昭和44）年5月25日	鴬の森～皷滝間が、皷滝トンネル、新猪名川橋梁経由の新線に切り替え。皷滝駅が移設される。
1969（昭和44）年10月5日	鴬の森～平野間が複線化。直列車に代え、平野～川西能勢口間無停車の急行が運転を開始する。
1970（昭和45）年4月6日	3両編成が運転を開始する。
1971（昭和46）年4月7日	4両編成が運転を開始する。
1972（昭和47）年3月20日	ときわ台～妙見口間が吉川トンネル経由の新線に切り替えられる。
1973（昭和48）年4月1日	平野～一の鳥居間が塩川トンネル経由の新線に切り替え。一の鳥居駅が移設される。

1973（昭和48）年11月2日	日生線の敷設免許を出願。翌年11月28日に交付される。
1974（昭和49）年5月19日	一の鳥居〜畦野間が畦野トンネル経由の新線に切り替え。畦野駅が移設される。
1975（昭和50）年4月9日	5両編成が運転を開始する。
1976（昭和51）年4月11日	山下駅が移設されて高架化される。
1976（昭和51）年5月20日	日生線が着工する。
1977（昭和52）年4月24日	平野〜山下間が複線化される。
1977（昭和52）年10月16日	笹部〜ときわ台間が光風台第1・第2トンネルなどを経由する新線に切り替えられる。
1977（昭和52）年12月27日	軌道法から地方鉄道法に準拠法規を変更する。
1978（昭和53）年10月1日	能勢電気軌道から能勢電鉄に社名変更する。
1978（昭和53）年10月16日	光風台駅が開業する。
1978（昭和53）年12月12日	日生線山下〜日生中央間が開業する。
1981（昭和56）年3月9日	日生中央〜川西能勢口間で急行（日生急行）が運転を開始する。
1981（昭和56）年12月20日	川西能勢口〜川西国鉄前間が廃止される。
1983（昭和58）年3月20日	大型車対応の笹部第1トンネルが使用を開始される。
1983（昭和58）年8月1日	大型の1500系が運転を開始する。
1988（昭和63）年7月2日	川西能勢口〜山下間で日中10分間隔の運転となる。
1990（平成2）年12月15日	自動改集札機の設置が全駅で完了する。
1991（平成3）年4月1日	駅務機器遠隔操作システムが使用を開始する。
1994（平成6）年4月1日	阪急と相互利用可能なストアードフェアシステム「パストラルカード」を導入する。
1995（平成7）年3月26日	架線電圧を直流600Vから1500Vに昇圧する。
1996（平成8）年3月24日	川西能勢口駅の高架ホームが使用を開始する。
1997（平成9）年11月16日	ワンマン運転開始。川西能勢口駅の阪急・能勢電鉄ホームの間に連絡線・3号線が完成する。
1997（平成9）年11月17日	日生中央〜阪急梅田間を直通する特急「日生エクスプレス」が運転を開始する（平日のみ）。
2001（平成13）年5月20日	遊戯物「シグナス森林鉄道」の営業が開始される。
2003（平成15）年4月23日	車体色を阪急と同じマルーンに塗り替え開始。8月22日までに全車両で完了する。
2003（平成15）年5月6日	終日ワンマン運転が開始される。
2003（平成15）年8月30日	特急「日生エクスプレス」が増発。1日14本の運転となる。
2004（平成16）年8月1日	ポストペイ式ICカード「PiTaPa」導入。
2009（平成21）年8月28日	すべての自動券売機がICカード対応となる。
2010（平成22）年6月1日	遠隔操作システム及び遠隔制御を山下駅に一元化。
2013（平成25）年3月16日	妙見ケーブル・妙見リフトを、それぞれ妙見の森ケーブル・妙見の森リフトに改称。
2013（平成25）年12月21日	妙見線・日生線全駅に駅ナンバリング導入。
2014（平成26）年12月	妙見線・日生線全駅の駅名標を刷新。各駅沿線にちなむイラストが描かれている。
2016（平成28）年6月	交通系ICカード全国相互利用サービスへの対応を開始し、Kitaca、PASMO、Suica、manaca、TOICA、nimoca、はやかけん、SUGOCAが利用可能となる。
2017（平成29）年3月18日	鉄道線の急行「妙見急行」「日生急行」を廃止する。
2019（平成31）年3月1日	能勢電鉄においてプリペイド式ICカード「ICOCA」、および「ICOCA定期券」を発売開始。

※編集部において作成

能勢電鉄
阪急宝塚線の
沿線絵葉書

（所蔵・文：生田誠）

能勢ケーブル
（大正末期〜昭和戦前期）

戦前に存在していた能勢ケーブル（妙見鋼索鉄道）の終点、妙見山駅である。このケーブルカーは、大正期に地元有志が申請した路線だが、同様の計画を持っていた能勢電気軌道（現・能勢電鉄）も出資金する形で参加した。この上部線（中間〜妙見山間）は太平洋戦争中に廃止され、戦後はケーブルカーからリフトに変更された。

能勢ケーブル
（大正末期〜昭和戦前期）

1925（大正14）年、妙見鋼索鉄道の瀧谷〜妙見山間が開通し、能勢妙見堂に参詣する人々の足となった。このケーブルカーは、太平洋戦争中の1944（昭和19）年、不要不急線として廃止されたが、1960（昭和35）年に能勢電気軌道（現・能勢電鉄）が下部線の黒川〜ケーブル山上間を復活させ、現在は妙見の森ケーブルと呼ばれている。

箕面公園
（明治後期〜大正期）

現在は国定公園となっている箕面公園は、日本の滝百選に選ばれている箕面滝があり、紅葉の名所として知られている。また、明治後期から大正初期にかけては、箕面有馬電気軌道（現・阪急）が動物園、遊園地を設置したことで、多くの観光客が訪れていた。この箕面動物園で飼われていた動物たちは後に大阪市立（天王寺）動物園に移っている。

能勢妙見山
（昭和戦前期）

能勢妙見山に向かう参道の金燈籠と宝物館である。能勢町の妙見山の山頂付近にある日蓮宗の無漏山眞如寺 境外仏堂 能勢妙見山は、北極星信仰の聖地として、多くの人々から信仰されてきた。この宝物館は1922（大正11）年に完成したもので、能勢氏中興の祖で寺を開基した、能勢頼次の武具などを展示している。

武庫川橋梁（大正期）

阪急今津線は、宝塚南口駅から宝塚駅に向かう際にこの武庫川橋梁を渡ることになる。現在の今津線は、1921（大正10）年に西宝線の宝塚〜西宮北口間が開通。1926（大正15）年に西宮北口〜今津間が開通して、今津線と名称を改めた。武庫川は兵庫県南東部を流れる二級水系の本流で、下流では阪神本線、JR東海道本線などの橋梁が存在する。

宝塚大劇場入口
（昭和戦後期）

宝塚歌劇団の本拠地、宝塚大劇場の玄関付近で、午後4時付近を示す時計の両側には公演案内があり、5月花組公演「グランドレレヴュー 春の踊り」の文字が見える。この公演には、「皇太子殿下御渡欧記念」のタイトルが付いており、1953（昭和28）年、皇太子殿下（平成天皇）がエリザベス女王の戴冠式出席のために渡英したときのものである。

宝塚駅
（明治後期）

阪鶴鉄道（現・JR福知山線）に続いて、1910（明治43）年に箕面有馬電気軌道（現・阪急）が宝塚の地に駅を開業した。この当時は現在の宝塚線のみの駅だったが、1921（大正10）年には西宝（現・今津）線が開業して、接続駅となった。この当時は地上駅であったが、平成に入って高架化されて、1994（平成6）年に高架駅となった。

宝塚植物園
（昭和戦前期）

ボート遊びを楽しむ人々の姿が見える戦前の宝塚遊園地（ルナパーク）の園内の風景であり、奥に見えるのは熱帯植物を栽培していた大植物園で、1928（昭和3）年に完成した施設だった。この遊園地には、植物園ともにキリンなどを飼育する動物園も存在したほか、1939（昭和14）年には宝塚昆虫館も開館し、昆虫の生態観察も行われていた。

宝塚ルナパーク
（昭和戦前期）

小林一三が開発した宝塚新温泉は、やがて宝塚新温泉パラダイスに発展し、1924（大正13）年には子供たちも楽しめる遊園地「ルナパーク」が誕生した。この写真（絵葉書）には、親子連れが運転している小型自動車とそれを見守る家族の姿がある。また、後ろに見えるのは当時、最も人気があった大型遊具、飛行塔と思われる。

宝塚新温泉
（昭和戦後期）

宝塚には、武庫川の右岸に宝塚温泉があり、多くの旅館やホテルが存在した。1911（明治44）年、箕面有馬電気軌道（現・阪急）が武庫川の左岸に宝塚新温泉を開業し、ここから宝塚少女歌劇、宝塚遊園地などがある多彩な娯楽場に発展していった。これは昭和戦後期の新温泉ゲート付近の風景で、和服、洋服姿の女性たちが利用する様子が写されている。

宝塚　新　温　泉　前
FRONT OF THE NEW HOT SPRING, TAKARAZUKA.

宝塚歌劇場
（昭和戦前期）

「すみれの花咲く頃〜」の歌で知られる宝塚歌劇団の本拠地、宝塚大劇場の舞台、客席である。1924（大正13）年に開場した初代の宝塚大劇場は、3500席の客席があり、「モン・パリ」「ベルサイユのばら」などの名作が上演された。現在は1993（平成5）年1月1日に開場した二代目の宝塚大劇場で、現役のタカラジェンヌが活動している。

宝塚空撮
（昭和戦後期）

武庫川沿いに広がる宝塚新温泉、遊園地付近の空撮である。温泉、歌劇場、遊園地などを備えた宝塚は、阪急沿線屈指の観光地として発展していた。この後、宝塚少女歌劇は、宝塚大劇場での公演を中心に現在のような国際的な人気をもつ宝塚歌劇団に成長。遊園地は、宝塚ファミリーランドに改称した後、2003（平成15）年に閉園する。

阪急宝塚線、能勢電鉄の沿線MAP

（文：生田誠）

建設省地理調査所・
国土地理院「1 ／ 25000地形図」

中津〜庄内

中津駅を出た阪急線は、淀川を渡って
十三駅にたどり着き、ここで京都線、神
戸線と宝塚線に分かれることとなる。
北に向かう宝塚線は、大阪市内最後の駅
である三国駅を過ぎると神崎川を渡り、
庄内駅に至る。ここは既に豊中市内で
あり、服部（現・服部天神）駅方面に進
むこととなる。新三国橋付近、神崎川沿
いにあった松下電器の工場は移転し、現
在はニトリなどに変わっている。

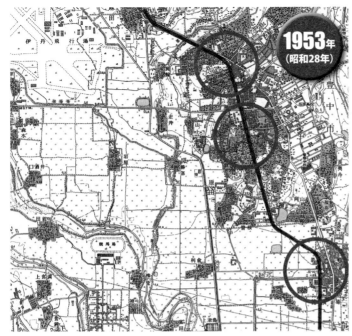

服部～豊中

地図の右側を走る阪急宝塚線には服部駅、曽根駅、岡町駅、豊中駅が置かれている。このうち、服部駅は開業当初は「服部天神」の駅名を名乗っており、2013（平成25）年に再び、服部天神駅を名乗るようになった。一方、地図の左側、猪名川の右岸は兵庫県であり、神戸線の園田駅付近に見える競馬場は、尼崎市内の地方競馬、園田競馬場である。

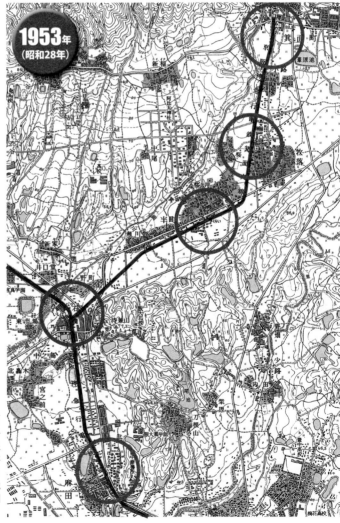

蛍池～石橋～箕面

蛍岡駅からさらに北に進む宝塚線は石橋（現・石橋阪大前）駅に至り、この分岐点で箕面線と分かれることとなる。ここから北東に向かう箕面線には、終着駅の箕面駅との間に中間駅として桜井駅、牧落駅が存在している。この時期、箕面線の沿線には、駅周辺に戦前に阪急が開発した住宅地が存在しているものの、駅から離れた場所は未開発だった。

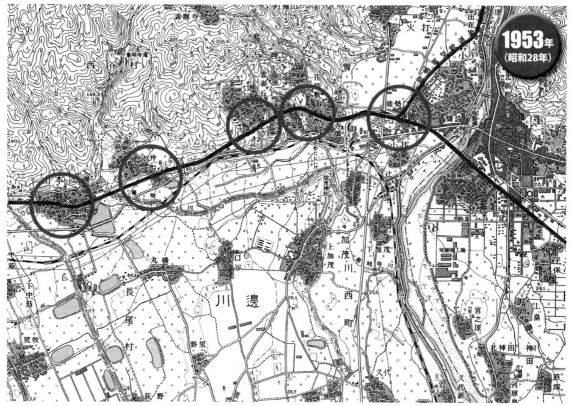

池田〜山本

梅田駅を出た阪急の宝塚線と、尼崎駅を出た国鉄の福知山線は、この川西能勢口駅、川西池田駅付近で出合うことになる。阪急の川西能勢口駅では、能勢電鉄と接続しているが、能勢電鉄妙見線はこの時期にはさらに南西に向かい、池田駅前（後に川西国鉄前）駅まで至っていた。また、宝塚線には花屋敷駅、雲雀丘駅が存在していたが、この後に統合されて雲雀丘花屋敷駅となる。また、山本駅は右隣の平井駅と統合した。

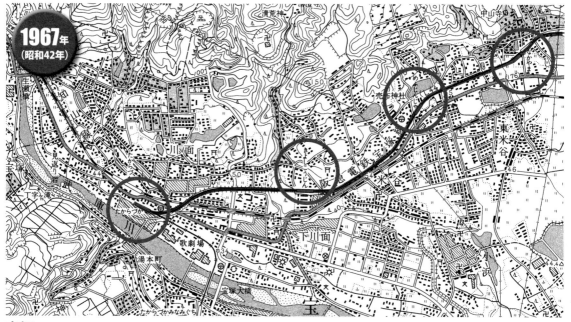

宝塚

地図の中央付近では、阪急宝塚線と国鉄の福知山線が寄り添うように走っており、阪急線は宝塚駅で宝塚南口駅方面から北上してきた今津線と合流する形になっている。このあたりの宝塚線には、温泉、遊園地、歌劇場があった宝塚駅とともに、清荒神、売布神社、中山寺（中山観音）という有名な神社仏閣の最寄り駅が存在している。

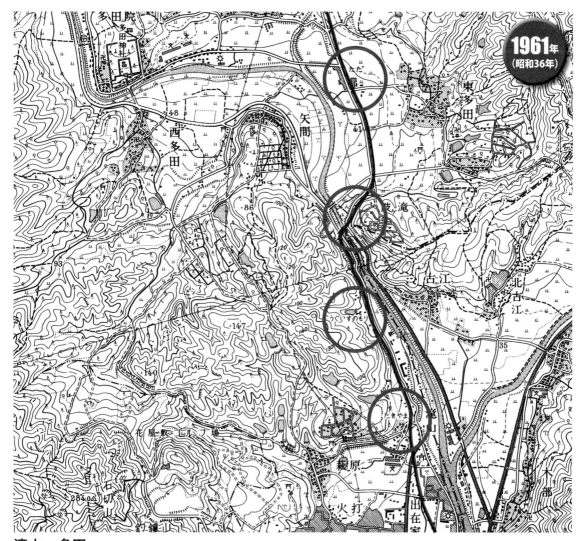

滝山〜多田

猪名川沿いに沿って進む能勢電鉄妙見線には、滝山駅、鶯の森駅、鼓滝駅、多田駅が置かれている。駅名になっている「多田」は、源満仲を祖とする清和源氏の一族、多田源氏ゆかりの地で、川西市多田院多田所町に多田神社（多田院）が鎮座している。この多田駅から先、妙見線は能勢街道（国道176号）とともに北上してゆくこととなる。

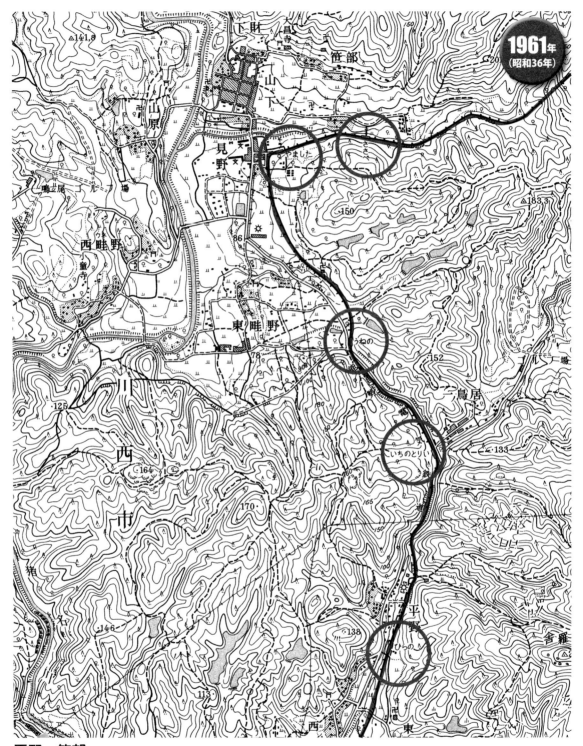

平野〜笹部

大阪メトロ谷町線やJR関西本線など、全国に同名が多い平野駅。次の一の鳥居駅は、駅付近に駅名の由来となった、妙見山に向かう参道の一の鳥居があったが、阪神・淡路大震災で倒壊し、その後に場所を移して再建されている。また、畦野駅は1923（大正12）年に開業した古参駅で、1974（昭和49）年に現在地に移転している。

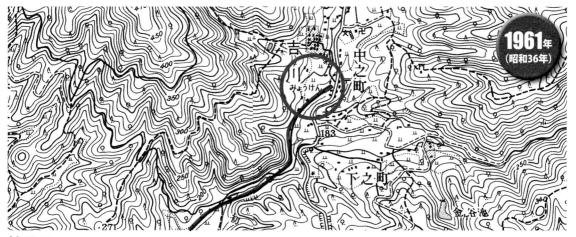

妙見口

1923（大正12）年、一ノ鳥居（現・一の鳥居）〜妙見（現・妙見口）間が延伸して、能勢電気軌道（現・能勢電鉄）の妙見線が全通した。この地図で妙見駅付近を走っている道路は、京都府亀岡市方面に至る国道477号の一部であり、この国道は三重県四日市市から滋賀県、京都府、兵庫県内をへて大阪府池田市まで約200キロの長さがある。

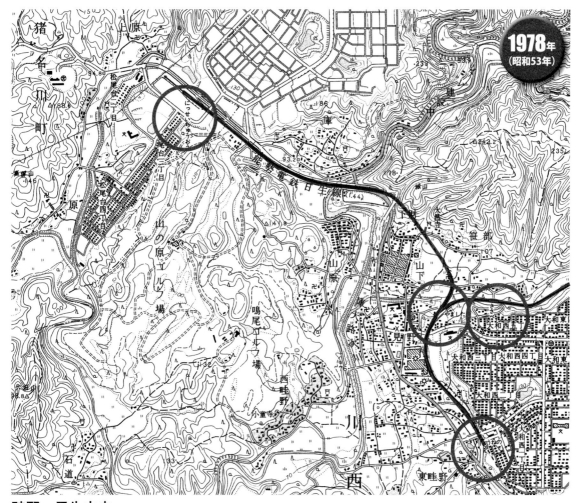

畦野〜日生中央

能勢電鉄妙見線の山下駅からは、日生中央駅に向かう日生線が分岐している。この日生線は1978（昭和53）年に開業し、途中駅は存在しない。日生線、日生中央駅の名称は、この駅付近に広がる阪急日生ニュータウンを開発した日本生命保険に由来している。また、日生中央〜大阪梅田駅には平日の朝夕ラッシュ時、特急「日生エクスプレス」が運転されている。

はじめに

　川西能勢口駅を起点に、兵庫県と大阪府にまたがって走る能勢電鉄は、1913（大正2）年に開業して以来、約110年の歴史を持つ老舗の鉄道会社である。その歴史は決して平坦なものではなく、創業期から何度もの経営危機に遭遇。また、開業当初に「能勢電気軌道」と名乗った理由である併用軌道や、路線の随所にあった急カーブなどの解消、輸送力の増強など、多くの課題と立ち向かってきた。早くから阪急が資本参加しており、車両の譲渡や貸与といった結びつきが深かった一方で、自社オリジナルの車両も1980年代初頭まで見られるなど、鉄道ファンから見て魅力の尽きない鉄道である。現在は阪急からの譲渡車両のみとなり、2000年代前半からは塗装もマルーン一色とされているものの、近年は復刻塗装車や前面デザインを変えた譲渡車両が増えるなど、存在感を発揮している。

　また、能勢電鉄の沿線は阪急宝塚線から少し遅れて沿線の宅地開発が進んだ。そのため、これに対応した鉄道施設の増強や改良も、宝塚線の後を追いかける形で進行。まるで宝塚線で見られた車両交代劇が再演されるかのようにここでも見られ、320形や610系の引退時には多くの鉄道ファンが詰めかけた。筆者もその一人であり、320形の木製の車内を堪能するため山下～日生中央間をひたすら往復したり、川西能勢口駅を出たところの踏切で旧形車両を待ち構えたりした記憶が、本書を読み進めるにつれてはっきりとよみがえってきた。

　本書では、能勢電鉄の車両ラインナップが最も華やかだったころ、すなわち1960年代から1980年代にかけての写真が多数収録されている。能勢電鉄の歴史を築き、今はもう見られない車両たちが、本書の中では今も駆け抜ける。また、線形改良によって姿を消した併用軌道や橋梁はもちろん、開発が進む沿線の街並み、道路を走る自動車といった懐かしい風景も満載だ。重箱の隅をつつく、もとい、写真の細かい部分までじっくり観察すると、新たな発見があるかもしれない。

2021年12月　伊原 薫

※能勢電鉄は、開業時から1978年まで「能勢電気軌道」を名乗っていたが、本書では特に必要な場合を除いて「能勢電鉄」と表記した。同様に、川西能勢口駅や妙見口駅、今はなき川西国鉄前駅なども、開業時と現在の駅名が異なっているが、こちらは基本的に当時の駅名を記している。

1章
カラーフィルムで記録された能勢電鉄

鶯の森〜鼓滝間にある猪名川橋梁を渡り終えた50形50号。同形は60形と共に能勢電鉄が導入した最後のオリジナル車両で、これ以降は阪急からの中古車でまかなわれるようになった。そのカラーリングや愛くるしい姿が、今も多くのファンに愛されている。◎鶯の森〜鼓滝　1965（昭和40）年　撮影：荻原二郎

川西能勢口駅は1980年代後半に高架化工事が始まり、1990（平成２）年に阪急の下り線が、1992（平成４）年に上り線が高架化。続いて能勢電鉄も高架化されることになり、1996（平成８）年に完成した。翌1997（平成９）年には両社線をつなぐ連絡線も設置され、直通特急「日生エクスプレス」が運行を開始している。
◎川西能勢口　1997（平成９）年11月25日　撮影：諸河 久フォト・オフィス

阪急宝塚線の線路をくぐり、後方に見える川西能勢口駅に向かう50形51号。当時の川西能勢口駅は現在地よりも180mほど東側にあった。この写真の撮影場所が、ちょうど現駅の西端あたりに位置するが、その面影はほとんどない。
◎川西能勢口　1981（昭和56）年12月　撮影：大津 宏

1500系と1700系は能勢電鉄への入線に際して行先表示器が設置されたが、阪急3000系などと違い窓上の種別灯は移設されなかったため、デビュー当時の阪急3300系に似た左右方向の狭いものとなっている。
◎川西能勢口〜絹延橋　1985（昭和60）年4月10日　撮影：大津 宏

朝ラッシュの運用を終えた500形が、回送列車として平野車庫へ戻ってゆく。500形は阪急から23両が移籍し、末期は最大5両編成で活躍した。背後に見える、川西能勢口駅の駅前にあったジャスコや第一勧業銀行のロゴが懐かしい。
◎川西能勢口～絹延橋　1985（昭和60）年４月10日　撮影：大津 宏

能勢電鉄は1990（平成２）年からオレンジと緑の新塗装化を進めたが、その３年後には早くも塗装変更の検討を開始。1500系と1700系の各３編成が、それぞれ異なる塗装パターンとなって運用された。こちらはアイボリーに赤帯というパターンで、前面の帯が太くなっているのが特徴。◎滝山～絹延橋　1993（平成５）年12月24日　撮影：岩堀春夫（RGG）

1993（平成5）年に登場した試験塗装は、21ページ下や39ページのものを含め6パターンが検討されたが、結局これらのデザインは本格的な採用に至らなかった。翌1994（平成6）年、クリーム色とオレンジ色を組み合わせたパターンが1700系に施され、これが新塗装として他系列にも展開された。◎滝山〜絹延橋　1994（平成6）年5月18日　撮影：岩堀春夫（RGG）

沿線のハイライトのひとつ、鶯の森〜畝滝間にある猪名川橋梁を渡る1500系。この区間にはかつて急カーブが存在したため、大型車への対応や複線化に際してルートを変更。この複線トラス橋もその際に架けられた。
◎鶯の森〜畝滝　1998（平成10）年　撮影：安田就視

1500系は入線当初、このように窓周りがアイボリーに塗り分けられていた。それまで能勢電鉄に移籍した車両は、伝統的に元のマルーン色のまま使われており、自社発注の50形・60形以来となるオリジナルカラーはその大きな車体と相まってひときわ目を引く存在だった。◎多田〜平野　1983（昭和58）年10月28日　撮影：森嶋孝司（RGG）

国道173号を見下ろすような形で走る1500系の川西能勢口行き。この区間は国道の拡幅と線形改良を兼ね、1970年代にルート変更が行われた。ちなみに、現在の能勢電鉄は阪急と同じマルーン一色が標準塗装のため、「フルーツ牛乳色」とファンに呼ばれたこの塗り分けが能勢電鉄で最後のオリジナルカラーとなる。
◎一の鳥居〜平野
1998（平成10）年11月19日
撮影：安田就視

1953（昭和28）年に登場した阪急610系は、それまでの車両より幅広な車体を持ち、宝塚線の輸送力増強に貢献した。その後、さらに大型の車両に追われる形で阪急での活躍を終え、今度は能勢電鉄近代化の担い手として同社に移籍。ここでも木造の小型車を一掃した。◎平野〜多田　1983（昭和58）年10月28日　撮影：森嶋孝司（RGG）

平野車庫で留置中の1000系と1500系。クリームとオレンジの新塗装は1000系にも波及したが、マルーン色からの変化はなかなかのギャップを感じさせるものだった。撮影された1994（平成6）年当時、すでに1000系の出番は少なくなっていたが、後に第1編成の先頭車2両が廃車され、この第2編成は6連化されることになる。
◎平野車庫　1994（平成6）年6月3日　撮影：松本正敏（RGG）

阪急宝塚線が直流600Ⅴ電化だったころに登場した610系は、同線の直流1500Ⅴ昇圧に伴って対応改造を実施。能勢電鉄への譲渡時に再び降圧改造が行われた。一方、譲渡時は能勢電鉄にATSが導入されていなかったため、対応機器はいったん撤去されたものの、1982（昭和57）年のATS導入に合わせて再設置されている。
◎平野　1984（昭和59）年12月30日　撮影：大津 宏

平野車庫で休む320形と500形。500形は320形の実質的な後継車両で、阪急宝塚線の昇圧に伴って廃車された後は320形などと共に能勢電鉄へと移籍し、旧型車の一掃とともに車両形式の統一が図られた。
◎平野車庫　1984（昭和59）年12月30日　撮影：大津 宏

610系のうち、制御電動車のトップナンバーである610号と制御付随車のトップナンバーであるこの660号の2両だけは非貫通スタイルの前面で登場。能勢電鉄への移籍時も改造は行われず、最後まで異端車として存在感を発揮し続けた。ちなみに、この2両は移籍後に別々の編成に組みなおされている。◎平野　1984（昭和59）年12月30日　撮影：大津 宏

川西能勢口〜川西国鉄前間の廃止当日、さよならヘッドマークを掲げた50形51号。同線を介した国鉄線との貨物のやり取りは戦後すぐに廃止され、旅客も減少したことから1981（昭和56）年に廃止。同線内の折り返し運用を任務としていた50形も役目を終え、引退した。◎平野　1981（昭和56）年12月19日　撮影：大津 宏

1700系はデビュー当初、この写真のように「躍進と希望」を表すオレンジと「沿線の緑」を表す緑色に塗り分けられていた。他系列も順次この塗装になったものの長く使われることはなく、数々の試験塗装を経て1994（平成6）年からクリーム色とオレンジ色の塗分けに変更されている。
◎一の鳥居～平野　1990（平成2）年6月7日　撮影：岩堀春夫（RGG）

1500系は、阪急2100系のうち主電動機出力が100kwと小さいグループが最高速度の低い能勢電鉄に活路を見出す形で譲渡
された形式である。譲渡に際し４両固定編成へと組みなおされ、中間に位置する元先頭車は運転機器が撤去されたものの、第
１編成だけは乗務員扉などが残されたままデビューした。◎畦野～山下　1983（昭和58）年10月23日　撮影：安田就視

1500系のうち第2編成以降は、中間に挟まれた元先頭車が運転機器の撤去だけでなく鋼体の改造まで行われ、完全に中間車化された。前ページの写真と比べると、中間車に乗務員扉がなくなっているのが分かる。1500系は5100系に置き換えられる形で廃車が急速に進行。2016（平成28）年に全車が引退した。◎畦野〜山下　1983（昭和58）年10月23日　撮影：安田就視

試験塗装となった1500系1505編成。こちらはアイボリーに青と赤の帯を巻いている。6パターンある試験塗装のうち、4パターンは青と赤の帯の太さや配置が異なっており、残る2パターンは赤帯のみのパターンだった。
◎山下〜畦野　1994（平成6）年6月3日　撮影：松本正敏（RGG）

山下駅に入線する妙見口発川西能勢口行きの1500系と、その横にある留置線で休む610系。写真が撮影された1990年当時、610系はすでに朝ラッシュ時のみの運用となっていたが、同年にデビューした1700系と入れ替わる形で廃車が進行。1992（平成4）年に全車が引退した。◎山下　1990（平成2）年9月25日　撮影：森嶋孝司（RGG）

笹部駅に停車する610系の4連。現在、背後に見える線路覆いの中にはポイントがあり、そこから先は山下駅の構内扱いとなっている。写真の621号以下4両編成は、610系の5連化に伴って全車が1987（昭和62）年に付随車化され、他の編成に組み込まれた。◎笹部　1980（昭和55）年11月　撮影：小野純一（RGG）

笹部駅北側の跨線橋から撮影した610系の川西能勢口行き。光風台駅は周囲を山に囲まれた谷底のような場所にあり、山の上にある光風台ニュータウンへは駅からエスカレーターや階段で上がる形となる。阪急610系はほぼ全車が能勢電鉄に譲渡され、近代化と輸送力増強に貢献した。◎光風台〜笹部　1980（昭和55）年11月　撮影：小野純一（RGG）

笹部駅を出発した610系が妙見の山中へと進む。この頃の阪急で見られた独特の屋根配置がよく分かり、また木製の窓枠がよいアクセントになっている。はるか奥に見えるのは阪急日生ニュータウン。この2年前に日生線が開通し、まだまだ開発の勢いが止まらない頃のひとコマだ。◎光風台〜笹部　1980（昭和55）年11月　撮影：小野純一（RGG）

1500系のうちトップナンバーを含む第1編成は、1997（平成9）年に4連から2連2本へと分割されることになった。分割に際しては、編成両端の2両と中間の2両に組成変更。前者にあたる写真の1550-1500編成は、4連化に伴って撤去された機器の再設置など小幅な改造にとどまり、外観上の変化もほとんどなかった。
◎ときわ台〜妙見口
2004（平成16）年
撮影：焼田 健

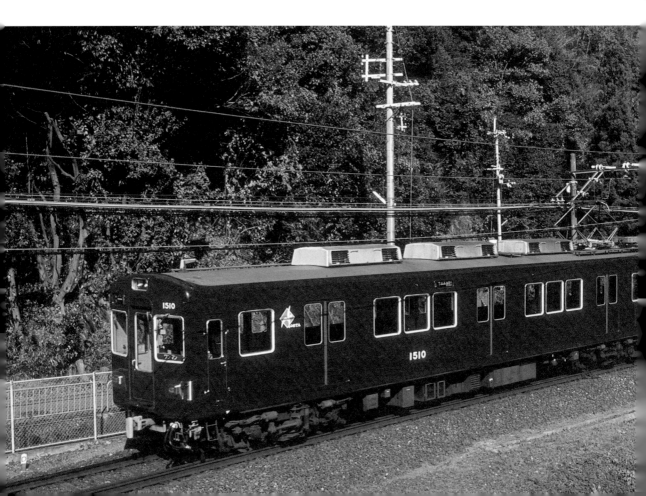

一方、上記写真の2両の中間に挟まれていた1530-1580の2両は、能勢電鉄への入線にあたって撤去されていた運転台機器を再整備。前面はヘッドライトやテールライト、貫通扉などが3100系と同一のデザインとされ、窓下のステンレス製飾り帯も取り付けられた。これに伴い、車両番号も1510-1560に変更されている。
◎ときわ台〜妙見口
2003（平成15）年11月26日
撮影：荒川好夫（RGG）

320系の大半は、乗客が増加した1970年代末期に5両固定編成化を実施。中間に入る車両の乗務員室撤去などが行われ、同時に車内の白熱灯を蛍光灯にするなどの近代化改造も行われた。一方、対象から外れた2連2本は山下〜日生中央間の区間運転に充当。同線の"主"的存在として、妙見線用の車両が引退した後もしばらく活躍した。
◎山下〜日生中央　1980(昭和55)年11月　撮影：小野純一(RGG)

50形51号が川西国鉄前駅を発車し、川西能勢口駅に向かう。能勢電鉄はもともと沿線の特産品輸送を目的のひとつとしており、
1917（大正6）年に川西国鉄前駅まで延伸されたことで国鉄駅への貨物搬入が格段にしやすくなった。
◎川西国鉄前　1979（昭和54）年8月15日　撮影：大津 宏

能勢電鉄の駅名標は、阪急のそれと同じデザインが採用されていた。白と紺色の色遣いや駅名の縦書き表記、隣駅との間が矢印ではなく手指のイラストで示されているなど独特のスタイルに、懐かしさを覚える人も多いだろう。
◎川西国鉄前　1981（昭和56）年　撮影：大津 宏

国鉄への貨物輸送の便を図るために開業したこの区間だったが、徐々にトラック輸送へとシフトしたため、戦後ほどなく貨物輸送が終了。1959（昭和34）年には旅客列車も川西能勢口〜川西国鉄前間の区間運転となった。その本数も減少の一途で、国鉄川西池田駅が川西国鉄前駅近くに移転した頃には、すでに"時すでに遅し"という状態だった。
◎川西国鉄前　1979（昭和54）年8月15日　撮影：大津 宏

能勢電鉄の現在の駅舎

川西能勢口駅

絹延橋駅

滝山駅

鶯の森駅

鼓滝駅

多田駅

平野駅

一の鳥居駅

畦野駅

山下駅

笹部駅

光風台駅

ときわ台駅

妙見口駅

日生中央駅

黒川駅（妙見の森ケーブル）

2章
カラーフィルムで記録された
阪急宝塚線・箕面線

1964（昭和39）年にデビューした3000系は、もともと神戸線用として製造されたが、この頃には宝塚線でも使用されるようになっていた。後に冷房化や行先表示幕の設置、スカートの取り付けが行われ、灯具の位置も変更されて印象が大きく変わっている。◎豊中～岡町　1997（平成9）年11月25日　撮影：諸河 久フォト・オフィス

梅田駅に到着する5100系の普通列車。前面に掲げる運行標識板は下部両側が三角形状に塗られているが、これは各路線の途中駅で折り返す列車であることを表している。写真の5136編成は同系の先陣を切って能勢電鉄へと譲渡され、2015（平成27）年に再デビューを果たした。◎梅田　1989（平成元）年2月5日　撮影：諸河 久

淀川橋梁を渡り終え、そろって十三駅に入線する列車たち。この頃はまだ、車体上部にアイボリーの帯を撒いているのは6300系と8000・8300系だけだった。中央を走るのは6000系の宝塚行き急行で、黒地にオレンジ色の文字という旧スタイルの種別幕が懐かしい。◎十三　1990（平成２）年２月９日　撮影：諸河 久

地上駅時代の曽根駅に入線する1100系。同駅は2面4線構造で北側に引き上げ線があり、梅田駅との間で区間運転する列車がここで折り返していた。高架化後もこの配線は変わらないものの、現在は区間運転の設定はない。ちなみに、写真の1108号は1988年に能勢電鉄へと移籍することになる。◎曽根　1985（昭和60）年1月18日　撮影：諸河 久

箕面線では、朝夕の通勤時間帯に宝塚本線に直通する準急や通勤準急が運転されていた。線内運用の列車は4連なのに対し、直通列車は8両で運転。多くの通勤通学客が利用していたが、現在は朝に大阪梅田行きの普通列車が運転されるのみとなっている。◎石橋　1998（平成10）年11月20日　撮影：安田就視

1988（昭和63）年に登場し、これまでとは大きく違う前面形状が注目を集めた8000系。写真の8004編成を含む初期グループは、前面窓下に飾り帯を配した姿で登場した。後に撤去されたものの、2019（令和元）年5月に「Classic 8000」としてデビュー当時のスタイルに復刻されることになり、飾り帯や側面のHマーク、旧社章がステッカーで再現された。
◎蛍池〜豊中　1997（平成9）年12月4日　撮影：諸河 久

石橋駅に停車中の特急「日生エクスプレス」。先頭の8040号車は「日生エクスプレス」の増結用車両として1997（平成９）年に製造された２両編成３本のうちの１両で、前面窓が下部に拡大され、車両番号は電照式となっている。
◎石橋　1998（平成10）年11月20日　撮影：安田就視

池田〜川西能勢口間に架かる猪名川橋梁を渡る6000系。背後にはゴルフ練習場が見えるが、ここはかつて池田車庫があった場所である。1910（明治43）年の箕面有馬電気軌道開業と同時に設置され、平井車庫が完成した1971（昭和46）年にその役目を終えた。◎池田〜川西能勢口　1998（平成10）年11月20日　撮影：安田就視

阪急初の高性能車である1000系の実績を基に量産されたのが、1010系と1100系である。もともと前者が神戸線用、後者が宝塚線用だったが、基本性能は同じだったことからほどなく混用されるようになった。後に両形式の各4両が能勢電鉄に移籍し、21世紀まで生きながらえた。◎川西能勢口〜雲雀丘花屋敷　1980（昭和55）年5月14日　撮影：諸河 久

6000系は1976（昭和51）年にデビューした。
まず宝塚本線向けに２編成が製造されたが、
最初に登場したのは鋼製車体を持つ6001編
成で、翌1977（昭和52）年にアルミ製車体
の6000編成が登場した。第１編成と第２編
成のデビュー時期が逆になっており、珍しい
ケースといえる。
◎宝塚〜清荒神
1990（平成２）年２月９日
撮影：諸河 久

宝塚駅を発車して梅田へと向かう5100
系の普通列車。1986（昭和61）年まで
は日中もこのように梅田〜宝塚間の普
通列車が運転されていた。この先で国
鉄福知山線をまたぎ越すため、線路が急
勾配となっているのが分かる。
◎宝塚　1986（昭和61）年４月
撮影：安田就視

地上駅時代の宝塚駅に停車する、3100系の宝塚本線急行列車と920系の今津線普通列車。撮影された1973（昭和48）年当時はまだ西宮北口駅にダイヤモンドクロスがあり、宝塚〜今津間で直通運転が行われていた。ホームに建つ証明柱がどことなくおしゃれに見える。◎宝塚　1973（昭和48）年12月6日　撮影：安田就視

宝塚ファミリーランドの一角にあった「宝塚電車館」の様子。１形や10形が静態保存されていたほか、写真にあるようなカットモデル、様々な部品や歴史資料が展示されていた。1993（平成５）年に閉館したが、静態保存の２両をはじめ一部の展示品は正雀工場に移設されている。◎宝塚電車館　1990（平成２）年２月22日　撮影：諸河 久

地上駅時代の宝塚駅。駅前には八百屋があるなどのどかな雰囲気が漂い、現在の姿からは想像がつかない。社章が入った駅の看板はかつての阪急の"統一スタイル"で、他駅でも見られた。同駅は1994（平成６）年に高架化工事が完成し、この光景も姿を消している。
◎宝塚　1973（昭和48）年12月６日
撮影：安田就視

3100系は、宝塚線の昇圧に際しスイッチ一つで対応できる複電圧車両として開発された。デビューから約25年が経過した1988（昭和63）年ごろより、前面の種別・行先表示が幕式に改造されていない車両の支線転用がスタート。ここ箕面線でも2012（平成24）年ごろまで活躍した。
◎牧落〜桜井
1997（平成9）年11月9日
撮影：諸河 久フォト・オフィス

箕面駅は、阪急の前身・箕面有馬電気軌道のルーツとなる駅のひとつ。開業当初はループ線構造となっていたが、後に一般的な行き止まり駅に変更された。屋根から吊るされた行灯式の行先案内や手前に写る改札ラッチが懐かしく、また線路の終端に植えられた樹木がいかにも阪急らしい。◎箕面　1973（昭和48）年12月6日　撮影：安田就視

行き止まり構造となった後の箕面駅は、阪急の駅舎によくみられるデザインながら、比較的大規模で屋根も高かった。ちなみに、周囲の地形や建物の配置にはループ線だったころの面影が残っており、背後に写るホテルの屋上から眺めると現在もその様子がよく分かる。◎箕面　1973（昭和48）年12月6日　撮影：安田就視

箕面駅を発車する3100系の普通列車。紅葉や「もみじの天ぷら」で有名な箕面らしく、秋の行楽シーズンにはこのようなヘッドマークが取り付けられていた。なお、箕面駅付近の線路がS字状になっているのは、かつてループ線だったころの名残である。
◎箕面　1997（平成9）年11月9日　撮影：諸河 久フォト・オフィス

能勢電気軌道時代の路線全体図 (1966年)

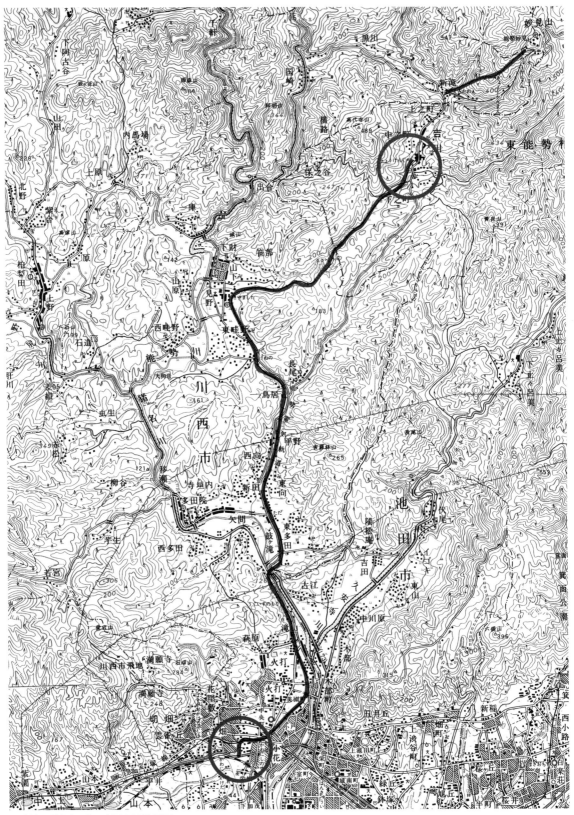

国土地理院発行「1／50000地形図」

3章
モノクロフィルムで記録された能勢電鉄

能勢電気軌道（現・能勢電鉄）の終着駅である妙見口駅に、1960（昭和35）年製作の能勢電気軌道60形電車（61号）が停車している。この妙見口駅は1923（大正12）年に妙見駅として開業。1965（昭和40）年4月に能勢妙見口駅、同年7月に妙見口駅に改称した。能勢妙見への参拝にはこの駅から妙見の森ケーブル、リフトを乗り継ぐことになる。
◎1967（昭和42）年6月　撮影：朝日新聞社

能勢口（現・川西能勢口）

40形43号。側面には阪急の社章が見られるが、これは40形の導入当初、阪急から譲渡ではなく貸し出しという形を取っていたためである。後に40号と41号が正式に譲渡され、機器を流用して60形へと"変身"。一方でこの43号などは最後まで貸し出し扱いのままだった。◎能勢口　1956（昭和31）年10月27日　撮影：大津 宏

10形の2連が川西能勢口駅に到着する。同駅の絹延橋駅寄りにあるカーブは現在もかなり急だが、地平時代はもっときついものだった。地平時代にも何度か改良が行われたものの、他の区間にあった急カーブが線形改良などで解消され、いつしか同鉄道で最も急なカーブとなっていた。1500系や1700系などは、同鉄道への入線に際して連結面間を広くする改造が行われた。◎能勢口　1956（昭和31）年　撮影：山本雅夫

能勢口駅に到着した妙見方面からの列車が、後部車となる車両のポールを操作しているところ。この頃の同駅はホームが1面のみで、85ページ上の写真などでも確認できる北側の留置線は、反対側がこのように機回し線のような配線となっていた。
◎能勢口　1957（昭和32）年7月　撮影：山本雅夫

10形は1957（昭和32）年から能勢電鉄への譲渡がスタート。入線に際して急曲線の緩和工事などが進められた一方、車両側はパンタグラフのポールへの換装などが行われた。最終的には14両が移籍し、82ページ上の40形をはじめ旧来の小型車を置き換えていった。◎能勢口　1956（昭和31）年10月27日　撮影：大津 宏

阪急宝塚本線の上り線と能勢電鉄線の間に設けられていた、川西能勢口駅の駅舎。両駅は一体に見えるが改札口は分かれていた。両駅間に連絡改札が設けられるのは1980（昭和55）年、その連絡改札が廃止され自由に行き来できるようになるのはそこからさらに10年後のことである。◎川西能勢口　1970（昭和45）年頃

川西駅で発車を待つ10形と、留置線で休む60形。当時はまだ全線が単線で、川西駅も2線のうちホームがあるのは1線だけだった。この2年後に同駅と鶯の森駅との間が複線化され、合わせてこの留置線にも下の写真のようなホームが設置された。
◎川西　1965（昭和40）年5月16日　撮影：荻原二郎

川西能勢口駅に到着する610系。同駅は長らく阪急線側に1線分の片式ホームがあるだけで、その北側にあるもう1本の線路は機回し線を兼ねた留置線だった。複線化に際して駅すぐ東側の急カーブとともに改良工事が行われ、線路間を広げて島式ホーム1面を増設。ただし、このホームの使用は朝ラッシュ時などに限られていた。
◎川西能勢口　1980年代前半　撮影：山田虎雄

兵庫県川西市の中心部に位置し、阪急電鉄と能勢電鉄の共同使用駅となっている川西能勢口駅付近の空撮写真である。この駅は1913（大正2）年に箕面有馬電気軌道、能勢電気軌道の能勢口駅として開業し、1965（昭和40）年に川西能勢口駅と改称した。川西市にはもうひとつの玄関口、JR福知山線の川西池田駅が存在する。◎1966（昭和41）年12月2日　撮影：朝日新聞社

絹延橋

絹延橋車庫で停車中の10形15号。開業以来、能勢電鉄の車庫は絹延橋駅に隣接した場所にあったが、車庫が手狭になったことに加え、複線化に際して車庫用地の一部を線路敷きに転用する必要があったことから、1966（昭和41）年に平野へと移転。半世紀以上の歴史に幕を下ろした。
◎絹延橋車庫
1959（昭和34）年1月21日
撮影：大津 宏

絹延橋の車庫の片隅でたたずむ40形43号。切妻形状の車両が多い阪急系列にあって、半流線形の前面を持つ珍しい形式だったが、能勢電鉄はこの年に阪急から10形を追加で導入（貸し出し扱い）し、43号はほぼ出番がない状態。結局、この数年後に阪急へと返却され、そのまま廃車された。◎絹延橋車庫　1961（昭和36）年7月27日　撮影：林 嶢

絹延橋駅で発車を待つ20形20号。10形と20形はどちらも元・阪急10形で、能勢電鉄への入線の経緯から形式が分けられていたようだ。四角い運行標識板が掲げられていないが、何か手違いでもあったのだろうか。手前のポイントで左側に分岐した線路が絹延橋車庫へと続く。◎絹延橋　1961（昭和36）年7月27日　撮影：林 嶢

10形15号の台車。◎絹延橋車庫　1959（昭和34）年1月21日　撮影：大津 宏

絹延橋駅を出た列車が終着駅に向かってラストスパート。写真の29号は製造当初9号を名乗っていた。付近に建物はほとんどなく、見渡す限り田畑が広がっているが、60年を経た現在はビルや住宅がびっしりと立ち並んでおり、この頃の面影は微塵も残っていない。◎能勢口〜絹延橋　1961（昭和36）年7月27日　撮影：林　嶢

絹延橋駅で停車中の60形61号。前面窓下に掲げている円形の板は続行運転を示すものだろうか。50形と60形は連結運転が想定されていなかった関係で一部を除いて連結器が取り付けられていなかった。台座のみで走る姿はどことなくユーモラスだ。◎絹延橋　1963（昭和38）年1月27日　撮影：大津 宏

鶯の森、皷滝

旧線の猪名川橋梁を渡る20号＋21号の2連。能勢電鉄への入線に際してパンタグラフをポールに換装したが、もともとパンタグラフがあった場所にのみ設置したため、車両の片側に寄っている。連結運転の際にポールの位置が両端となるよう、2連固定編成を組んでいたようだ。◎皷ヶ滝～鶯の森　1962（昭和37）年12月9日　撮影：大津 宏

10形はもともと新京阪鉄道が千里山線用の車両として1925（大正14）年から導入。9～13号がP-4、14号以降がP-5と呼称されていたが、両者の違いは台枠の構造など小規模なものにとどまる。P-5はさらに電動車のP-5AとP-5B、付随車のP-5Tに分かれていた。◎鶯の森～～皷ヶ滝　1957（昭和32）年　撮影：山本雅夫

単線時代の猪名川橋梁を渡る50形。旧橋梁は国道173号線につながる銀橋と現橋梁のちょうど中間あたりに架かっていた。敷地は道路などに転用されているが、その線形などに往時を偲ぶことができる。
◎鼓ヶ滝～鶯の森　1963（昭和38）年1月27日　撮影：大津 宏

皷ヶ滝駅に停車中の10形。中央の窓からタブレットが見える。同駅付近から多田駅付近までは併用軌道となっており、これが「能勢電気軌道」の名前の所以である。この写真の2年後、同駅は皷滝駅に改称され、さらに現在は「皷」ではなく「鼓」の漢字が用いられている。◎皷ヶ滝　1963（昭和38）年1月5日　撮影：林 嶢

上写真の反対側から撮影した皷滝駅。停車中の24号はいわゆるP-5B形で、P-4形との差異は前面中央窓の大きさなど小規模なものにとどまる。運転士の左手から推測すると、マスコンはかなり左側の高い位置にあったようだ。右側に写る駅員の詰所が、どことなく電車の前面に見えるのは筆者だけだろうか。◎皷ヶ滝　1963（昭和38）年1月27日　撮影：大津 宏

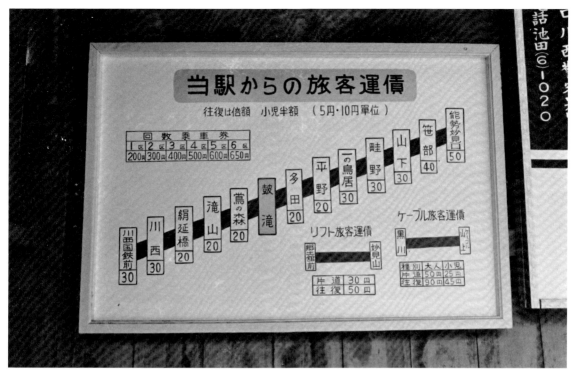

当駅からの旅客運賃

往復は倍額　小児半額　（5円・10円單位）

回数乗車券					
1区	2区	3区	4区	5区	6区
200円	300円	400円	500円	600円	650円

川西国鉄前 30
川西 30
絹延橋 20
滝山 20
鴬の森 20
鼓滝 20
多田 20
平野 20
一の鳥居 30
畦野 30
山下 30
笹部 40
能勢妙見 50

リフト旅客運賃

郷土館前 ━━ 妙見山

| 片道 | 30円 |
| 往復 | 50円 |

ケーブル旅客運賃

黒川 ━━ 山上

種別	大人	小児
片道	50円	25円
往復	90円	45円

1965（昭和40）年ごろの運賃表。ケーブルとリフトの運賃も併記されている。いくつかの駅名が現在と異なるほか、沿線の住宅地開発が始まる前のためときわ台駅と光風台駅がまだなく、もちろん日生線も未開業である。こうした何気ない写真も、時が経てば貴重な記録だ。◎鼓滝　1965（昭和40）年5月16日　撮影：荻原二郎

のどかな併用区間を行く50形51号。窓上の行先表示器はすでに使われていない。なお、90ページ下で解説した通り50形と60形の連結器は車両やエンド、時期によって装備していないことがあった。この時分、51号の妙見方には装備していたようである。◎鼓ヶ滝〜多田　1963（昭和38）年1月5日　撮影：林 嶢

多田

多田〜畦ヶ滝間を走る「P-4形」こと10形。写真奥にボンネットバスが写っていることから分かる通り、この並行道路は路線バスのルートになっていた。交通量も徐々に増え、大型車の離合に支障が出るようになったことから、道路の拡張工事が決定。併用軌道の解消へとつながってゆく。◎多田〜畦ヶ滝　1961（昭和36）年11月26日　撮影：大津 宏

左写真と同じ区間で撮影した50形52号。行先表示器に「妙見」の文字がうっすらと見える。50形と60形は製造当初、前面窓上に行先表示器を装備していたが、これが使われていた期間はそれほど長くなかったようで、このように行先表示器が使われている写真はなかなか見かけない。◎多田～鼓ヶ滝　1961（昭和36）年11月26日　撮影：大津 宏

「てんとう虫」ことスバル360が待つ踏切を列車が通過。電車と比べると、この頃の車がいかに小さかったかがよく分かる。まだほとんどの踏切に警報器や遮断機がない時代で、一時停止を促す看板が安全を守る大切な役目を果たしていた。後ろの「テレビはナショナル」という看板も時代を感じさせる。◎多田〜鼓ヶ滝　1962 (昭和37) 年12月9日　撮影：大津 宏

左は多田駅に入線する10形。ダブルルーフ構造や木製の貫通扉などがいかにも戦前の車両といった印象である。右の328号はピカピカだが、320形は撮影当時まだ運用開始前であり、ヘッドライトがないことなどからも整備中と思われる。◎多田　1965 (昭和40) 年11月21日　撮影：大津 宏

多田駅で離合する10形と60形。鼓ヶ滝駅付近からの併用軌道はこの手前で終わっており、無事に通り抜けた運転士はほっと一息つく、これから進入する運転士は気を引き締める場所だったのかもしれな。この数年後、国道は移設拡幅され、引き続き能勢電鉄の複線化が行われることになる。◎多田　1963（昭和38）年1月5日　撮影：林 嶢

平野

平野駅で交換する320形と500形。この頃すでに同駅までの複線化や車庫の移設は完了している。両形式のデザインはよく似ているが、500形は320形よりも車体幅が50mm広く、写真でもその違いがなんとなく分かる。この頃は本線列車もまだ2連が標準だったようだ。◎平野　1967（昭和42）年12月24日　撮影：大津 宏

畦野、山下

30形は1926（大正15）年に6両が自社発注車両として製造された。能勢電鉄が初めて導入したボギー車で、デッキを廃し屋根もシングルルーフとするなど、それまでの車両から大きく進化。空気ブレーキの採用で、安全性も向上している。写真は1956（昭和31）年に鋼体化改造が行われた後の姿。
◎山下　1959（昭和34）年3月15日
撮影：大津 宏

超満員の乗客を乗せて50号が畦野駅に入線する。さすがに50形・60形の単行運転では乗客をさばききれなかったようで、この5年後に能勢口～妙見間での単行運転は終了。同形は川西能勢口～川西国鉄前間の専属となり、写真の50号を含む3両が引退した。◎畦野　1961（昭和36）年7月27日　撮影：林 嶢

阪急40形は5両が製造され、戦前に事故で廃車となった1両を除く4両が、様々な経緯を経て能勢電鉄に集結。うち2両は走行機器類を転用する形で60形として生まれ変わり、写真の45号を含む残り2両は当初の姿のまま、貸し出し扱いで天寿を全うした。◎山下　1959（昭和34）年3月15日　撮影：大津 宏

山下駅で列車交換を行う妙見線の列車。
同駅は日生線の建設を前に線形改良の
ため現在地へと移転し、同時に高架化さ
れた。610形は能勢電鉄への入線時に
前照灯が2灯シールドビーム化。後に
他形式にも波及した。
◎山下　1979（昭和54）年
撮影：山本雅夫

前ページ上の31号と同様、鋼体化改造が施された後の30形32号。改造後は50形や60形に近いスタイルとなり、塗装も青と白のツートンカラーとされた。一方、残る４両の30形は鋼体化されることなく、10形の導入に伴って一足早く姿を消した。
◎絹延橋車庫
1965（昭和40）年５月16日
撮影：荻原二郎

妙見口

最晩年の10形の姿。前面の運行標識板には「川西」の文字が見える。川西能勢口駅は1965（昭和40）年４月から６月まで、わずか３か月間だけ川西駅を名乗っており、その頃の様子を記録した貴重な写真といえる。他形式と同様、10形もこの後ほどなくパンタグラフに換装された。◎能勢妙見口～笹部　1965（昭和40）年５月16日　撮影：荻原二郎

1923（大正12）年に妙見駅として開業したこの駅は、1965（昭和40）年7月に現在の妙見口駅となる前の3か月間、能勢妙見口駅を名乗っていた。その頃を記録する珍しい写真だ。奥に見えるトラック（ダイハツのオート三輪だろうか）や、京都交通のボンネットバスも懐かしい。◎能勢妙見口　1965（昭和40）年5月16日　撮影：荻原二郎

日生中央

日生線を行く500形518号。同線はこの写真が撮影された前年、1978（昭和53）年の開業で、真新しい高架橋やバラストの様子が白黒写真でも伝わってくる。同線は1988（昭和63）年まで川西能勢口駅方面に直通しない線内折り返し運転が基本で、320形・500形の引退までは2編成で運行されていた。◎日生中央　1979（昭和54）年　撮影：山本雅夫

500形の2連が日生中央駅に到着。同駅は地形の関係で半地下のような構造となっていて、「日生隧道」の扁額が掲げられたトンネルの上には、今は商業施設や駐車場がある。ちなみに駅の西側には本線から続く形で2本の留置線があり、夜間滞泊などで利用されるほか、現在は車両撮影会などのイベント会場としても使われている。
◎日生中央　1979（昭和54）年　撮影：山本雅夫

阪急日生ニュータウンの玄関口、日生中央駅。その名の通り、同ニュータウンは日本生命の主導で開発が進められ、1975（昭和50）年に販売が開始された。日生線と同駅が開業したのは3年後の1978（昭和53）年12月で、駅両側にはロータリーが整備され、ニュータウン内の各地区へ向かう路線バスの乗り場がある。
◎日生中央　1979（昭和54）年
撮影：山田虎雄

妙見線
（国鉄前線）

30形のオリジナルの姿を記録した貴重な一枚。連結器がなく、併用軌道区間を走行するため救助網を装備している。30形は6両中2両が鋼体化改造によって50形などに似た車体を手に入れた一方、写真の36号を含む4両は個の姿のままで生涯を終えた。
◎池田駅前
1953（昭和28）年5月3日
撮影：大津 宏

1966（昭和41）年以降、輸送量の小さいこの区間は50形と60形が単行で運用されることになった。マルーン色ではなく白と青に塗り分けられた単行の車両が、くねくねと曲がりながらのんびりと進む姿は、鉄道ファンの心をくすぐるものだったに違いない。◎川西能勢口〜川西国鉄前　1975（昭和50）年9月　撮影：山本雅夫

川西能勢口〜川西国鉄前間がもっぱら50形と60形で運用されるようになる1966（昭和41）年以前は、10形などの運用が見られた。同形のデビュー当初は前面中央窓下にあった前照灯は、後に上部へと移設。一部の車両はさらに後年、貫通型へと改造された。
◎能勢口〜池田駅前
1956（昭和31）年7月
撮影：山本雅夫

ホイルベースの短いブリル76E台車が刻むジョイント音を残して妙見に向かう50型。写真の52は1954年に帝国車輌で車体を新製している。◎絹延橋〜滝山　1964.2.10

ポール時代の能勢電車　写真・文：諸河 久

1960年代に入ってもトロリーポールが重用された「能勢電気軌道」
京福電鉄叡山線や京阪電鉄京津線と並び、ファン必見のトロリーラインだった。

始発駅の能勢口で阪急宝塚線の連絡を受けて発車を待つ妙見行き14+15の二両編成。10型の製造初年は1915年だから、約半世紀を経た美しい木造車体に魅了された。◎1964.2.10

　阪急宝塚線能勢口駅で下車し、能勢電車乗り場へ歩を進めると前夜からの雨が靄のように残り、辛い撮影コンディションだった。妙見行きのホームには旧新京阪のレジェンド10型（P-5）の14+15が発車を待っていた。嵐山線で稼働した往年の姿を見られなかっただけに、現役で仕業する見事な木造車体に見惚れてしまった。能勢口駅構内には能勢口～池田駅前の区間運用を終えた鋼体化車両の31型も停車していた。

1926年に能勢電車が日本車輌に発注した31型木造車を瑞穂工業で1956年に鋼体化改造した車両。妻面の方向幕が路面電車時代を彷彿とさせてくれた。◎能勢口　1964.2.10

絹延橋駅で離合する妙見行きの10型と能勢口行きの50型。◎1964.2.10

　能勢口の隣駅である絹延橋に所在した車庫を訪ねると、ナニワ工機製の鋼体化改造車50型と60型が在庫しており、ブルーとクリームのツートンカラーが新鮮だった。木造の矩形庫の妻板に貼付された能勢電気軌道の社紋と、スタッフの詰所に使われる木造の廃車体が印象に残った。

電動無蓋貨車の106
は木造31型からの
改造車で1962年に
登場している。台車
は31型と同じ住友
KS50Lを再用。
◎絹延橋
1964.2.10

絹延橋車庫に待機する50型と60型。張上げ屋根のスマートな車体はナニワ工機で新造。矩形の木造検修庫や廃車体を利用した詰所が味わいある風情を醸し出していた。◎1964.2.10

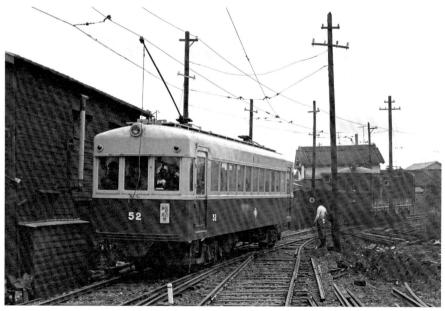

絹延橋駅妙見方構内で入換中の50型と106電動貨車。前後のポールを上げ下げするポール電車ならではの光景が見られた。◎1964.2.10

猪名川橋梁を渡り能勢口に向かう10型。写真の24は1926年汽車製造製で片側運転台車。◎鼓ヶ滝〜鶯の森　*1964.2.10*

　沿線の景勝地ともいえる猪名川橋梁を目標にカメラハイクを続けた。カメラを支える指先が悴むような猪名川からの寒風に晒されることとなったが、橋梁上を妙見に向かう10型をタイミングよく捉えることができた。1965年に始まった線路改良で猪名川橋梁は架け替えられ、旧橋を渡る一齣は昭和の憧憬となった。

新線に切り替わる1969年まで使用された旧鼓滝駅に到着する妙見口行き10型。ちなみに、駅名が鼓ケ滝から鼓滝に変更されたのは1965年4月で、新駅になった現在は鼓滝と標記されている。妙見線の起点である能勢口が1965年4月に川西に、終点の妙見を能勢妙見口に改称。さらに同年7月、川西を川西能勢口、能勢妙見口を妙見口に再度改称している。
◎1965.11.14
所蔵：諸河 久フォト・オフィス

底冷えのする北摂の冬。猪名川から吹き上げる寒風の中を29+28の10型が妙見に走り去った。殿を務める29は1929年田中車輌製の片側運転台制御車。◎鶯の森～畦ヶ滝　1964.2.10

トロリーホイールの擦過音を残して桑畑の中を妙見に急ぐ10型。新京阪時代は「デロ」「P-5」と呼ばれ、千里線の主力として
働いた。10型は1500V昇圧時に運転台床下に直角にMGを装架するなど、個性豊かな木造電車だった。
◎絹延橋〜滝山　1964.2.10

阪急電鉄と能勢電気軌道の時刻表

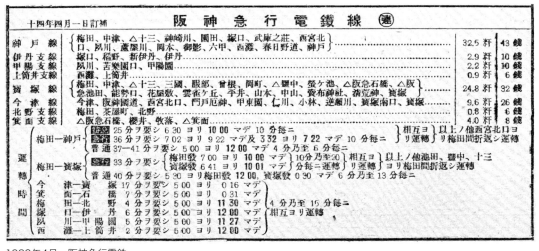

1939年4月　阪神急行電鉄

五年四月一日改正	池田驛前・妙見間	（能勢電気軌道線）㊜	七年十二月一日訂補	瀧谷・砂見山間 ㊜（妙見鋼索鉄道線）
驛名	池田驛前、能勢口、絹延橋、瀧山、矢問、藪ケ瀧、多田、平野、一ノ鳥居、畦野、山下、笹部、妙見（全區間13.3粁　運賃32錢）		驛名	瀧谷、妙見山（全區間1.4粁　運賃片道30錢　往復55錢）
運轉時間	能勢口－妙見 約40分ヲ要シ｜池田驛前－妙見 約47分ヲ要シ｜能勢口發 5 56 ヨリ 11 15 マデ 約20分毎｜妙見發 6 01 ヨリ 11 00 マデ 約20分毎｜池田驛前發 6 50 ヨリ 7 25 マデ 約20分毎｜妙見發 6 01 ヨリ 6 41 マデ ニ運轉		運轉時間 全區間 10分ヲ要シ	瀧谷發 7 04 ヨリ 7 44 マデ 14分毎｜妙見山發 7 12 ヨリ 5 52 マデ ニ運轉

1932年12月　能勢電気軌道・妙見鋼索鉄道線

阪　急　電　鉄

初電	終電	キロ数	運賃	（京都線）	初電	終電	記　事
500	2340	0.0	円	・阪急梅田㊜	605	014	特急梅田発
505	2345	2.7	20	十　三	600	009	800
512	2350	6.9	35	淡　路	553	009	
525	000	17.4	60	茨　木　市	539	2346	－2230
527	002	18.8	70	総　持　寺	537	2344	
533	008	23.2	80	高　槻　市	531	2338	河原町発
539	020	34.3	110	長岡天神	525	2326	710
554	028	40.6	130	桂	511	2319	－2235
556	034	42.7	130	西京極	508	2313	15分毎
601	036	46.0	140	・阪急大宮	504	2309	急行
603	038	47.1	150	・烏　丸	502	2307	15分毎
605	040	47.9	150	・河　原　町	502	2305	

初電	終電	キロ数	運賃	（支線）	初電	終電	記　事
506	2344	0.0	円	天神橋	519	031	この間
512	2352	3.3	20	淡　路	513	031	
517	2356	5.8	35	阪急吹田	507	019	3－15
526	005	10.0	50	新千里山	458	010	分毎
500	2325	0.0	円	桂	517	2542	8－20
507	2332	4.1	20	・嵐　山	510	2335	分毎
452	005	0.0	円	阪急塚口	506	020	3－10
458	011	2.9	20	伊　丹	500	014	分毎
453	2358	0.0	円	夙　川	505	010	7－15
458	003	2.2	20	甲陽園	500	008	分毎

初電	終電	キロ数	運賃	（神戸線）	初電	終電	記　事
500	2330	0.0	円	・阪急梅田㊜	542	014	特急
505	2335	2.7	20	十　三	538	009	梅田発
513	2344	10.9	50	阪急塚口	529	000	630
519	2351	15.9	70	西宮北口	523	2354	－2200
525	2356	18.6	70	夙　川	517	2348	神戸発
528	2359	21.2	80	芦　屋　川	514	2345	625
533	005	25.9	90	阪急御影	509	2339	－2200
535	008	27.7	90	・阪急六甲	507	2337	10－12
542	014	32.5	110	・阪急神戸	500	2330	分毎

初電	終電	キロ数	運賃	（宝塚線）	初電	終電	記　事
500	2330	0.0	円	・阪急梅田㊜	542	012	急行
505	2335	2.7	20	十　三	537	007	梅田発
519	2349	10.9	50	豊　中	523	2353	640
524	2357	13.8	50	阪急石橋	518	2348	－2200
527	001	16.2	60	阪急池田	515	2345	宝塚発
529	003	17.3	60	川西能勢口	512	2342	640
543	017	24.8	90	・宝　塚	500	2330	－2116

初電	終電	キロ数	運賃		初電	終電	記　事
500	2355	0.0	円	宝　塚	520	009	この間
509	2342	4.5	20	阪急仁川	511	2400	
523	2353	7.7	40	西宮北口	505	2354	10－12
528	2359	9.6	50	阪急今津	500	2349	分毎
450	2358	0.0	円	阪急石橋	507	015	6－10
457	005	4.0	20	箕　面	500	008	分毎

1966年3月　阪急電鉄

	池　田 ── 妙　見				（能勢電軌）
川西国鉄前──川西能勢口	川西国鉄前発 650－850　1610－1910｜川西能勢口発 646－846　1606－1906		0.7キロ	3分	20分毎 20円
川西能勢口──妙　見　口	川西能勢口発 620－2320　妙見口発 546－2224		12.5キロ	40分	20分毎 65円
川西能勢口──山　　　下	川西能勢口発 610－740　山下発 619－759		8.3キロ	26分	10分毎 50円
ケーブル 黒　　川──ケーブル山上	850－1750　相互発20分毎		0.6キロ	所要5分	50円
リフト 郷土館前──妙　見　山	850－1730　〃		0.6キロ	所要10分	30円

1966年3月　能勢電気軌道

4章
モノクロフィルムで記録された
阪急宝塚線・箕面線

豊中市庄内東町にある阪急電鉄宝塚線の庄内駅は戦後の1951（昭和26）年、当時は豊能郡庄内町だった、地元の人々の請願により開設された比較的歴史の新しい駅である。これは開業当時のホーム、島式2面4線の構造である。「庄内」の名称をもつ駅は、九州の久大本線（大分県）に存在するほか、旧国名を冠した筑前庄内駅（福岡県）、日向庄内駅（宮崎県）が存在している。
◎1951（昭和26）年5月8日　撮影：朝日新聞社

梅田

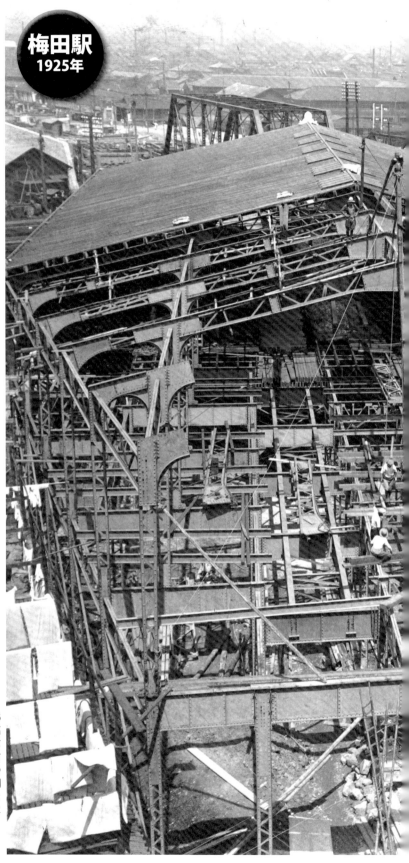

梅田駅 1925年

阪急の梅田（現・大阪梅田）駅は、1926（大正15）年の梅田～十三間の複々線高架化により高架駅に変わるが、これは前年（1925）年の工事中の風景である。右下には、地上を走る箕面有馬電気軌道の1形電車が見える。東海道本線の南側にあった梅田駅はその後、再び地上駅となり、さらに現在地（東海道本線北側）に移転することになる。
◎1925（大正14）年
撮影：朝日新聞社

中津、十三

京阪神急行電鉄（現・阪急電鉄）時代の
新淀川橋梁で、梅田〜十三間の三複線
化に伴う、増設線の架橋工事が進んでい
た。新淀川橋梁は、箕面有馬電気軌道の
開業と同じ1910（明治43）年に開削され
た、淀川の新しい水路である淀川放水路
（新淀川）に架けられていた。この横には、
国道176号（十三筋）が走る十三大橋が架
けられている。
◎1957（昭和32）年12月16日
撮影：朝日新聞社

新淀川橋梁
1957年

中津駅を発車する51形55号。神戸線の開業に備えて製造された車両で、長さ15mの大型車体に片側3扉を備え、走行機器類も高出力なものを備えていた。同形が登場したころ、関西の私鉄ではこのような多窓の流線型が流行しており、阪急も話題になることを狙ったのだろう。◎中津　1953（昭和28）年　撮影：野口昭雄

1200系は、1010系や1100系と同じ準張殻構造の車体に1形などの走行機器類を組み合わせる形で1956（昭和31）年に登場。晩年は様々な台車が転用されたことでも知られるが、他の1000系グループのように冷房化改造されることはなく、1983（昭和58）年に全車が引退した。◎十三　1959（昭和34）年　撮影：中西進一郎

宝塚線の車両限界拡大を受けて製造された610系。車体幅は一気に40cmほど拡大され、車両定員も20人ほど増えたが、その数字以上にラッシュ時には頼もしい存在だった。増備途中からは前面窓などにHゴムが使われるようになり、印象が大きく変わった。◎十三　1970（昭和45）年　撮影：山本雅夫

1100系のうちこの1142号車を含む通称1140形は、宝塚線の5連化に伴う増結車として1959（昭和34）年から翌年にかけて9両が製造された。昇圧時には運転台が撤去されている。写真は撮影時期や線路上に関係者がいることなどから、搬入直後の試運転の様子であろう。◎十三　1959（昭和34）年　撮影：中西進一郎

1935（昭和10）年に12両が製造された320形は、宝塚線の近代化とスピードアップを狙った車両。当時神戸線のエースだった920形を基に、車体の長さや幅、性能面が宝塚線の規格に合わせられた。このデザインは380形や500形に受け継がれている。
◎十三　1956（昭和31）年　撮影：荻原二郎

500形は380形の片運転台版といえる車両で、全電動車として各車両の重量平均化を図った。2形式は後に320形と性能が揃えられている。写真の518号は108、109ページ上の写真で分かる通り、阪急で廃車された後に能勢電鉄へと活躍の場を移し、1986年まで走り続けた。
◎十三　1959（昭和34）年
撮影：中西進一郎

岡町

1910（明治43）年、開業して間もない頃の箕面有馬電気軌道（現・阪急電鉄）の岡町駅のホーム風景である。豊中市中桜塚1丁目に位置する岡町駅は、桜塚古墳群、原田神社など古い歴史のある場所に置かれており、豊中市役所の最寄り駅でもある。ホームの後ろに見えるのは、素戔嗚尊（牛頭天王）などを祀る原田神社の鎮守の森である。
◎1910（明治43）年　提供：朝日新聞社

豊中

独特の車体をもつボンネットバスが停車している、阪急の豊中駅の駅前風景である。写真が撮影された1936（昭和11）年、豊能郡の豊中市、麻田村などが合併して、大阪府で4番目の市となる豊中市が成立している。この豊中駅は、1913（大正2）年に箕面有馬電気軌道（現・阪急電鉄）の駅として開業し、現在は高架駅に変わっている。
◎1936（昭和11）年10月　撮影：朝日新聞社

阪急らしからぬ顔つきを持つ51形56号を先頭に、ダブルルーフで統一された4連の普通列車が豊中駅付近を走る。同形のグループは性能面などの違いからか、他形式と混結されることはあまりなかったようだ。大都市の近郊といえど、戦後しばらくはこのようなのどかな風景が見られた。◎豊中付近　1950（昭和25）年　撮影：亀井一男

蛍池

蛍池駅に入線する3100系3105号以下6連の雲雀丘花屋敷行き普通列車。同駅は1997（平成9）年にモノレールが大阪国際空港（伊丹空港）まで路線を伸ばすまで、同空港の最寄り駅だった。ホームは終日にぎわいを見せ、駅前からは路線バスがひっきりなしに発着していた。背後に見えるホテルも、空港の利用客を当て込んで建設されたものであろう。
◎蛍池　1981（昭和56）年頃　撮影：山田虎雄

４年後（1970年）の日本万国博覧会（大阪万博）の開催に向けて拡張工事が進められていた空の玄関口、大阪国際空港（伊丹空港）の空撮写真である。大阪府豊中市、池田市、兵庫県伊丹市にまたがる形で広がっており、この写真では手前に猪名川の流れがある。その起源は1939（昭和14）年に開港した大阪第二飛行場で、木津川飛行場に次ぐ存在だった。
◎1966（昭和41）年３月　撮影：朝日新聞社

伊丹空港
1966年

石橋、池田

600系の制御車、650形654号を先頭にした4連の普通列車。この654号はもともと電動車の600形609号だった。600系はいわゆる「川崎造船型車両」で、魚腹台枠と丸屋根の大型車体、前面や側面中央扉の緩やかなカーブを描く雨樋などが特徴である。◎石橋付近　1950（昭和25）年頃　撮影：亀井一男

箕面線の線内運用にあたる610形621号以下３連。石橋駅（現・石橋阪大前駅）のホームは、敷地西側から東側にかけて宝塚本線用の１・２号線、本線に直通できる箕面線用の３・４番線、両線の間にある箕面線用の行き止まりホームが５号線という変則的な配置になっている。◎石橋　1961（昭和36）年　撮影：荻原二郎

15m木造３扉車体を持つ51形グループの63形68号。流線型だった前面は一般的な切妻３枚窓とされたが、そのほかの部分には51形のスタイルを色濃く残している。610系はこの51形グループの機器を流用し、鋼製車体を新製する形で登場。写真の68号は662号に生まれ変わった。◎池田　1950（昭和25）年頃　撮影：亀井一男

大阪府池田市の玄関口である阪急電鉄の池田駅。池田駅は、阪急電鉄の前身である箕面有馬電気軌道が開通した、1910（明治43）年に開業した阪急最古参の駅のひとつで、かつては池田車庫が存在していた。池田市は現在の人口が約10万4000人。阪急などが開発した住宅地が広がり、特に待兼山付近は高級住宅地として知られている。
◎1940（昭和15）年9月28日　撮影：朝日新聞社

池田市街
1954年

猪名川に沿って広がる池田市内の空撮写真である。
古い歴史のある呉服神社などが存在し、「呉羽の里」
と呼ばれてきた池田の街は1889（明治22）年、豊
島郡に池田町が成立。豊能郡の３村と合併した後、
1939（昭和14）年に池田市が発足した。軽自動車
などで有名なダイハツ工業の工場があり、1965（昭
和40）年から本社も置かれている。
◎1954（昭和29）年４月10日　撮影：朝日新聞社

花屋敷、売布神社

在りし日の花屋敷駅。同駅は雲雀丘駅との距離が近かったため、両駅を統合する形で雲雀丘花屋敷駅が新設された。だが、花屋敷駅の近隣住民は同駅の廃止に納得せず、統合駅の開業後も1年以上にわたって廃止されずに残った。写真はそのころに撮影されたものである。◎花屋敷　1961（昭和36）年8月11日　撮影：荻原二郎

構内踏切があったころの売布神社駅。当時は宝塚方面行ホームにしか駅舎がなかったが、構内踏切を廃止するにあたって梅田方面行ホームにも駅舎が設置された。ただし、両ホームをつなぐ地下通路などは整備されなかったため、現在は両ホーム間の移動ができない。◎売布神社　1979（昭和54）年　撮影：武田 毅

清荒神、宝塚

500形530形を最後尾に走る普通列車。この頃は500形2両で3扉の300形（または310形）を挟み込んだ3連が存在し、さらに320形などを増結した4連として走っていた。写真をよく見ると、300形の特徴であるおわん型ベンチレーターが確認できる。◎清荒神　1956（昭和31）年　撮影：竹中泰彦

地上駅だったころの宝塚駅。箕面有馬電気軌道として開業した阪急は、その名の通り有馬を目指したものの、結果的に延伸が実現することはなかった。仮の終点だった宝塚は、宝塚新温泉や宝塚大劇場などが建設され、いつしか一大観光地として名を馳せるようになった。◎宝塚　1958（昭和33）年　撮影：亀井一男

宝塚駅で2100系の宝塚線急行と320形の今津線普通が並ぶ。両者の車体幅の違いは一目瞭然で、宝塚線の車両限界拡幅がいかに輸送力向上に貢献したか、想像に難くない。2162号はこの前年に製造された、まだピカピカの新車だ。
◎宝塚　1963（昭和38）年　撮影：野口昭雄

阪急の歴史を語るうえで欠かせない存
在の箕面駅。架線が駅の外にまで伸び
ているのが興味深い。開業当初のルー
プ線構造から一般的な頭端式構造に改
められた後も、観光地・箕面の玄関口と
して変わらぬにぎわいを見せた。
◎箕面　1965（昭和40）年
撮影：荻原二郎

桜井、箕面

桜井駅を発車する51形の3連。139ページ下で記した通り、51形グループは走行機器を供出して610系へと生まれ変わっており、写真の55号は撮影後間もなく運用から離脱。同年12月に615号として再び宝塚線で活躍することになる。
◎桜井　1954（昭和29）年　撮影：石田 一

『川西市史』に登場する能勢電鉄（抜粋）

開通以来のローカル電車

　能勢電軌は、南北に細長い川西市域をちょうど背骨のように貫き、全長約13キロメートルのうち11キロメートルが市域内にある。いわば川西市の市内電車といってもよい性格を持ち、大正2（1913）年の開通以来、多田・東谷地区と川西地区を結ぶ役割を果たし続け、川西市誕生の基礎の一つ形づくった。

　その意味ではきわめて重要な意義をもつ電車線ではあったが、市制実施当時のようすは、市内縦貫の幹線交通機関というには余りにものどかすぎる状態であった。すなわち、全線単線で、旅客用車両は全部集めても15両きり。全列車とも1両の単行運転で、もっとも大型でも車長14メートルの小さい電車が、トロリーポールを振りながら能勢口、妙見間の田園地帯を40分もかかって走っていた。まったくのローカル電車そのものであり、沿線住民は社名をもじって「ノロ電」と呼んでいたほどである。

　また、昭和30年代までは沿線の人口もそれほど増加しなかったこともあって、会社の経営は思わしくなかった。当時を経験する社員の言葉を借りれば、いっそのこと路線を撤去してしまおうかという話がしばしば出るほどの苦況であった。

相次ぐ減便

　列車運行ダイヤも、会社の苦況を反映して、変動が繰り返された。市制実施当時の能勢電軌は、妙見・能勢口間に終日20分間隔で各駅停車列車のみが運行され（1日上下合計96本）、うち8割は池田駅前まで直通していた。ただ、ラッシュ時を中心に上下合計34本の能勢口・多田間（うち4本は能勢口・山下間）区間折り返し便があったため、この時間帯の多田以南の区間は10分間隔の列車運行がなされている。

　市制実施の翌昭和30年5月には、折り返し列車のすべてが山下・能勢口間に延長運行されるという、サービス改善がおこなわれた。これは、乗客数の停滞をサービス改善で挽回しようという会社の苦肉の策であったと思われる。しかし結果は思わしくなく、その反動のような形で半年余り後の同年11月には、山下・能勢口間の折り返し定期列車が、1往復を除いてすべて廃止されるという、極端な切捨策がとられることになった。乗客サービスは、昭和28年8月

の折り返し列車設置以前の状態にまで一挙に逆戻りしたわけである。また同時に、池田駅前までの直通便もそれまでの約半分の上下合計34本に減便されている。

　さらに、昭和33年6月には、阪急電鉄からの車両購入によって全列車が2両編成化されるという理由によって、それまでの20分間隔運行が30分間隔運行に延長され、列車本数は1日上下合わせて70本となって、30本近い減便がおこなわれた。

　当然のことながら、これら一連の減便措置は利用者の不評を買った。能勢電軌もその声には抗しきれず、34年8月には妙見・能勢口間の列車をもとの20分間隔に戻し、さらにラッシュ時の山下・能勢口間折り返し列車（1両運転）を上下合わせて10本復活して合計12本とし、ラッシュ時の山下以南の10分間隔運行を復活させた。

　これによって、大都市近郊農村という地域の実情と、会社の経営状態との間の均衡点がようやく探りあてられたものとみられ、4年余りにわたって見られた他社にも余り例のない目まぐるしい運行体系の改変は一段落を告げる。以後、36年9月に阪急電鉄からの新たな借入車の導入によって、ラッシュ時折り返し列車が2両連結化されるサービス向上はあったが、それ以外の点では、昭和41年にいたるまで、運行体系上の変化はまったく見られないまま経過することになる。

妙見ケーブルカーの復活

　このように沈滞しきった昭和30年代の能勢電軌の営業にも、現状打破をめざすいくつかの動きがあった。そのうち実現を見た最大の事業が妙見ケーブルカーの再建である。

　もっとも、その前に遂に実現を見ずに消え去ったものとして、軌道線の伊丹および尼崎への延長計画をあげておかねばならない。池田駅前から阪急電鉄伊丹駅への軌道延長計画は、古く大正12年（1923）に免許を受けたまま実現にいたらずに終わっていたものであるが、昭和31年に再び計画線としてとりあげられることとなる。そのときは、伊丹延長後の将来構想として、阪急電鉄塚口駅からさらに線路を南へ延ばし（伊丹・塚口間は阪急電鉄伊丹線を共用）、阪急電鉄尼崎駅にいたる計画も立案されている。もし

これが実現していれば、現在の県道尼崎池田線上の阪急バス尼崎線の利用者をすべて乗客として確保できていたわけであり、着眼点はすぐれたものであったといえる。また、これによって利便を受ける川西市民も多かったものと推察されるが、資金・用地難などを理由に、伊丹延長線ともども、免許申請書提出にいたらぬまま、昭和33年、惜しくも計画中止となった。

妙見ケーブルカーの再建は、この時期の能勢電軌にとっては残された起死回生策であった。昭和34年、阪急電鉄からの資金援助を得て9月に工事に着手している。免許は、終戦後の昭和24年、ケーブルカー再建のために設立された能勢妙見鋼索鉄道株式会社が昭和25年に受けていたものを譲り受けた。戦前の妙見鋼索鉄道株式会社は、600メートルの下部線と約850メートルの上部線の2つのケーブルカー（鋼索線）から成っていたが、再建にあたっては旧上部線はリフト（甲種特殊索道線）に変更され、ケーブルカーの復活は旧下線部のみにとどまった。ケーブルカーは翌35年4月22日に、リフトは同じく8月27日に、それぞれ開通、営業を開始し、ここに能勢電軌は、妙見山参詣客輸送の機能を16年ぶりに回復した。

しかし、ケーブルカーが廃止されていた間に、阪急バスの池田・妙見山上直通定期バスが妙見宮参詣のメインルートとしての地位を確立しており、終点妙見駅から京都交通バス、ケーブルカー、リフトと3回も乗り換えなければならない能勢電軌の参詣ルートの不利は覆うべくもなく、妙見ケーブルカーの再建もまた、能勢電軌の沈滞脱出の決定打とはなりえなかった。

両目一新の40年代

能勢電軌が経営の沈滞にあえいでいる間にも、その沿線の大部分を占める多田・東谷地区にはさまざまな変化の兆しがあらわれていた。例えば、中小規模宅地開発の開始によるゆるやかな人口増加の傾向（昭和36年ごろから）、工場誘致条例による若干の中規模工場の進出（同37年ごろから）などである。それらの影響によって、それまで停滞を続けていた能勢電軌の乗客は徐々に増加しはじめ、39年の年間乗客総数（45万5000人）は5年前の昭和34年（31万人）の1.47倍に達した。

全線単線でトロリーポールという姿に象徴されるとおり、設備の近代化が遅れ、かつ経営難もあって積極的な運航体系も改革もおこなうことができず、ぎりぎりの列車運行を続けていた能勢電軌にとっては、この平均8パーセントにも達する継続的な乗客増加は、確かに収入増につながる望ましい傾向ではあったが、それ以上に、このままでは輸送体制が遠からず行き詰まることを予想される由々しい事態でもあった。ここにおいて能勢電軌は、複線化を初めとする早急な抜本的体質改善を迫られることになった。

この方向を決定づけたのは、昭和30年代末になって続々と計画が明らかにされた多田・東谷地区における大規模住宅団地の建設である。中でも多田グリーンハイツと阪急北ネオポリス関係の旅客輸送は、すべて能勢電軌が一手に引き受けねばならず、輸送力の抜本的増強が焦眉の急務となった。このような状況を受けて能勢電軌は、昭和40年からいよいよ大々的な体質改善事業に取りかかる。この事業は、阪急電鉄の資金・人材その他の面で強力な援助のもとに進められ、それまでのローカル電車をまったく一新させることになるのである。

進む基礎施設の近代化

近代化の事業は、まず車庫の移転・拡張からはじめられた。能勢電軌の車庫は、創業以来能勢口駅の次駅の絹延橋駅に接して設けられていたが、ここでは全線から見た位置が南に偏りすぎているうえ、敷地も狭く、将来の列車編成長大化に対応できない。そのため、全線のほぼ中央に位置し、多田グリーンハイツ完成後はその最寄駅となって乗客の急増が予想され、当面の複線化計画区間の北端にも予定されている平野駅に接して、新しく大きい車庫が建設されることになった。新車庫、平野車庫は、昭和40年8月に着工され、翌41年1月25日に完成し、使用が開始された。これにともなって同日、約6年半ぶりに運行ダイヤが改正され、川西能勢口・山下間の折り返し列車の半分が妙見口からの全線直通便に延長され、妙見口・川西能勢口間の所要時間も従来の40分から35分に短縮されている。

なお昭和40年にはいくつかの駅名が改称されている。すなわち、4月1日付で能勢口駅が川西駅に、池田駅前駅が川西国鉄前駅に、ケーブルカーの山上駅がケーブル山上駅にそれぞれ改められた。能勢口駅の川西駅への改称は、地元の要求にも合致したものであったが、わずか3か月後の7月1日には、阪急電鉄の駅名改称に合わせ、川西駅も川西能勢口駅に

再度改称を余儀なくされている。なお、市域外ではあるが、北の終点、妙見駅も、4月1日にいったん能勢妙見口駅となった後、7月1日に川西駅ともども再び改称され、妙見口駅となった。

平野車庫の完成後は、いよいよ複線化工事がめざされることになったが、昭和41年にはそれに先行するいくつかの近代化工事がおこなわれた。すなわち、電車の集電装置のトロリーポールからパンタグラフへの変更、スピードアップのための架線吊架方式の変更、橋梁の補強、変電所の能力強化などである。これらの工事によって輸送力の増強に対するじゅうぶんな準備が整えられた後、昭和42年から複線化工事が着手された。

平野以南の複線化

まず、昭和42年3月には川西能勢口・鶯の森間の複線化工事が着工され、11月30日に開通した。それにともなって12月3日から運行ダイヤが改正され、川西能勢口・鶯の森間に四本の折り返し列車が増発された。なおこれと同時に、川西国鉄前・川西能勢口間は、それ以北の線区から切り離されて旧型車1両によるこの区間の朝夕7往復運行となり、妙見口・川西国鉄前間の直通列車は全廃された。

川西能勢口・鶯の森間に続く鶯の森・平野間の複線化工事は翌43年10月に着工されたが、鼓ヶ滝・鶯の森両トンネルの掘削、猪名川橋梁の新設架替え、鼓ヶ滝・多田間の国道173号との併用軌道の分離(国道移設、鼓ヶ滝駅移転新設)などの大工事があったため、完工までにちょうど1ヵ年を要し、ようやく44年10月5日に開通、ここに川西能勢口・平野間の複線化が完了した。

また、中小規模住宅団地の開発による人口増加も沿線各地で活発化しており、さらに44年4月にはグリーンハイツ内に県立川西緑台高校が新設され、多田・鼓ヶ滝・畦野・平野などの各駅での乗降客は、大幅な増加をしめしはじめている。そのようすは、表129によっても明らかである。とくに畦野以南の各駅での通勤時間帯の混雑は深刻化する一方であった。

昭和44年10月の平野駅までの複線化の完成は、この事態に即応したタイミングのよいものとなり、10月5日の開通を期して運行ダイヤの大幅な改正が行われている。すなわち、妙見口・川西能勢口間の普通車所要時間が28分に短縮されるとともに、能勢電軌初の急行列車が運行開始され(平野・川西能勢口間通貨、所要26分朝のラッシュ時に6本運行)、また川西能勢口・鶯の森間の折り返し列車がすべて平野折り返しに延長されるなど、これによって朝の通勤時の輸送は大幅な改善をみたのである。

この運行のダイヤ改正により、朝方のラッシュ時は16分間隔運行(平野以南は急行、以北は普通)、昼間は普通列車のみの20分間隔運行、夕方ラッシュ時は普通列車の15分間隔運行という能勢電軌の現行運行体系の基本形態が定着し、以後の輸送力増強はもっぱら列車編成の長大化によって遂行されることになる。

平野・畦野間の路線改良

平野以南の複線化完了によって川西能勢口・平野間の輸送力は飛躍的に増大したが、単線のままの平野以北はラッシュ時も列車の運行間隔を15分以下に縮めることができず、列車編成の長大化で対処しても、将来の輸送力増強のうえでは大きな限界をもっていた。現に平野以北の乗降客数は、年々増加しつつあり、さらに昭和43年初めには阪急日生ニュータウン(山下が最寄駅となる)の建設計画が発表され(45年5月着工)、少なくとも平野・山下間の複線化が必要なことは明白であった。

しかし、この区間、とくにその中でも平野・畦野間は、塩川とその支流の狭い渓谷部を能勢電軌と国道173号とが併走しており、複線化のためには国道も含めた大規模な移設・改良工事をおこなう必要があった。そこで能勢電軌では、実際の複線化は阪急日生ニュータウンの完成時まで待つこととし、まず平野・畦野間で、複線用地を確保しながらの線路改良にとりかかることとなる。

塩川・畦野間線路移設ならびに立体化工事とよばれたこの工事は、国道の管理者である建設省近畿地方建設局との綿密な協議・調整に1年余りの日時を費やした後、昭和47年1月に着工された。工事は、一の鳥居・畦野両駅の移転・新設、塩川・畦野両隧道の掘削新設、塩川・畦野両橋梁の新設をともなう大工事であった。これに続き、畦野・山下間の複数工事がおこなわれ、山下・川西能勢口間の複数運転が開始されたのは52年4月である。これよりさき阪急日生ニュータウンへの連絡線として、開発者の日本生命相互会社との間に昭和47年2月基本協定が結ばれた日生線(山下・日生中央間、2.7キロメートル)は、昭和53年12月12日に営業の運びとなっている。

『能勢町史』に登場する能勢電鉄(抜粋)

幻の鉄道計画と能勢電軌の開通

日露戦争中から戦後にかけて第2の鉄道ブームが起こり、そのなかでふたたびいくつかの計画があらわれた。明治40年京都市の林長次郎らによって当時の京都鉄道（現山陰線）亀岡駅から南桑田郡本梅村を経て、歌垣村・東郷村を通り、川辺郡東谷村国崎、出合橋、一庫、山下、東畦野を経て一ノ鳥居にいたる28.8キロメートルの路線が、能勢電車鉄道株式会社（のち能勢電気軌道株式会社と改称）として申請された。しかし京都・大阪・兵庫の3府県知事の副申書には「右ハ現在ノ交通状態ニ対シテハ到底収支不相償、随テ成功ノ見込無之モノト相認候」とあり、結局44年に不許可となった。つづいて43年には川辺郡中谷村の下岡亀一らを発起人として、吉川村を起点とし田尻村・歌垣村を経て京都府下本梅村から亀岡町にいたる24.38キロメートルの能勢妙見軽便鉄道が申請されたが、これも却下された。

また明治40年以降年月は不詳であるが、姫路〜篠山〜福住〜亀岡の路線の鉄道敷設の請願書が町役場文書の中に残されている。これは活字印刷のもので、京都府下亀岡町長をはじめ南桑田郡の17か村長、同船井郡2か村長、歌垣・東郷・吉川・田尻・西郷・枳根荘の6か村長、川辺郡の4か村長、多紀郡の3か村長、ならび篠山町長の連名になるものであった。請願の趣旨は、鉄道敷設法に規定のある山陰・山陽連絡線として篠山〜園部間の測量が完了し計画されていることを仄聞し、篠山から園部へ連絡するのではなく亀岡に連絡すべきであり、そうすればその沿線にある請願者の多くの町村の便益多く、また年々百万人におよぶ能勢妙見山の参詣人もこの鉄道を利用するであろうとして、当局に路線の変更を求めたものであった。この路線のなかに篠山から亀岡にいたるあいだに町域の諸村が沿っていることはあきらかであろう。この請願書が果たして提出されたものかどうかも不明であるが、町域の人々の鉄道敷設の強い希望を知ることができるであろう。しかしこの請願の路線が実現しなかったことはいうまでもない。

以上のように、町域に関係した数々の鉄道敷設の計画がなされたが、いずれも現実のものとはならず、幻の鉄道計画に終わったなかにあって、唯一実現をみたのは能勢電気軌道株式会社であった。同社は日露戦争中の38年3月細河村木部の中里喜代治らが発起人となり、阪鶴鉄道(現在の福地山線)池田停車場構内を起点とし、川西村小花・小戸、多田村平野を経て一ノ鳥居にいたる7.08キロメートルの路線を申請した。この申請は起点を小花（現在の阪急電鉄猪名川鉄橋付近）に変更することで40年3月に認められたのである。翌41年社名を当初の能勢電気鉄道から能勢電気軌道に変更して発足した。資本金25万円であった。しかし取締役の交替など経営上で紛糾がつづき資金難もあって工事は進捗しなかった。このようなとき、45年1月専務取締役に就任した太田雪松の経営手腕によって、債務の整理と工事がすすめられ、ついに大正2年3月末竣工し、4月13日に開業式を行なった。起点の「能勢口」から終点の「一ノ鳥居」まで6.42キロメートル、途中駅は5か所設けられ、全線所要時間は25分、運賃は1区3銭、全線は通行税1線を加えて10銭であった。この工事の途中45年6月一ノ鳥居から吉川村までの6.27キロメートルの延長を計画し、一ノ鳥居までの工事が完成した大正2年4月延長線の免許を得た。しかしこの延長線が完成するのは、第一次大戦後の大正12年のことである(以上能勢電気軌道株式会社「風雪60年」昭和45年刊による)。能勢電軌の開通は、直接町域に達したものではなかったけれども、これによって町域の人々の池田町への交通には大きな利便となった。

このほか大正11年には2つの鉄道計画があらわれた。1つは東郷村野間中の野間日昭ほか38人が発起人となって計画された能勢妙見電気鉄道である。阪急電鉄箕面線の終点から萱野・清渓・見山の3村を経て東郷村野間中の鳥居前まで22.5キロメートルを本線とするもので、途中萱野村から東海道線茨木駅にいたる7.4キロメートルの支線も計画されていた。つぎに述べる亀能鉄道と東郷村で接続する予定であったが、亀能鉄道が不成功に終わったのでこの計画も消滅したものと思われる。亀能鉄道は大阪府の田中胡四郎他22名の発起人によって計画されたものである。これは亀岡町から本梅・湯の花を経由して東郷村にいたる19.3キロメートルを本線とし、本梅から福住を経て篠山にいたる35.4キロメートルの支線および東郷村から妙見山にいたる鋼索鉄道とをふくむ計画であった。

『猪名川町史』に登場する能勢電鉄（抜粋）

能勢電軌（免許申請時の名称は能勢電気鉄道株式会社）の発端は、このころ、すなわち明治38（1905）年であるが、詳しくは後に譲ることにして、今しばらく周辺の概観を続けることにしたい。

鉄道国有法公布後もいくつかの敷設計画がある。

能勢電車鉄道は明治40年に出願。起点は京都府南桑田郡亀岡町、経過地は湯ノ花－大阪府豊能郡東郷村、終点は兵庫県川辺郡東谷村で、資本金60万円、軌間3フィート6インチ、9名の発起人はすべて京都市内か府下の在住者という計画であったが、同44年却下となった。

能勢妙見軽便鉄道は明治45年に出願。起点は豊能郡吉川村、終点は亀岡町で、資本金125万円、軌間3フィート6インチ、発起人は下岡亀一（川辺郡中谷村）、西尾正蔵（川辺郡東谷村）の両名である。下岡は中谷村長や広根銀行取締役頭取などを勤めたこともある人物でもあり興味深い計画であるが、関連資料が今のところ余り見当らないのは残念というほかない。

同年、摂丹鉄道も出願されているが、太田雪松の鉄道建設構想を解く鍵を秘めていると考えられるので、これは、能勢電軌建設推進との関連で、後に詳述することにしよう。

阪丹電気軌道は大正8（1919）年に出願。起点は大阪府西成郡中津町、経過地は小曽根村・箕面村・池田町・東能勢村などで、終点は亀岡町、資本金800万円、軌間4フィート8インチ、発起人は大阪市と府下の在住者6名、京都府下在住者1名、福岡県下在住者1名という計画であったが、同11年不許可となった。

亀能鉄道は大正10年に出願。（ⅰ）起点は亀岡町、経過地は京都府南桑田郡稗田野村、本梅村湯ノ花など、終点は豊能郡東郷村にいたる1.2マイルの本線、（ⅱ）起点は本梅、経過地は兵庫県多紀郡福住村など、終点は阪鶴線篠山駅にいたる22マイルの支線、（ⅲ）起点は本線終点東郷村野間中から終点妙見山にいたる鋼索鉄道の支線、から編成されており、資本金300万円、軌間3フィート6インチ、発起人は大阪市と府下の在住者20名、京都市在住者1名、兵庫県下在住者2名という計画であった。この鉄道はその後2度にわたる名称変更や竣工期限の延長をくり返すうちに、昭和10（1935）年敷設免許取消しとなり幻の

鉄道に終った。

能勢妙見電気鉄道は大正11年出願。（ⅰ）起点は阪神急行電軌箕面線の終点から大阪府三島郡豊川村などを経て東郷村野間中の鳥居前までにいたる14マイルの本線、（ⅱ）途中の豊能郡萱野村から三島郡福井村などを経て東海道本線茨木駅にいたる4マイル余の支線、から編成されており、資本金300万円、軌間4フィート8インチ半、発起人は大阪市と府下の在住者35名、神戸市と兵庫県下在住者3名、東京市在住者1名という計画であったが、その後の状況を知る史料は今のところ見当らない『豊能町史、本文編』。

能勢電開業と太田雪松

鉄道国有法公布後の計画路線は、最後の大正11年の能勢妙見電気鉄道を除くと、他はいずれも大なり小なり摂津と丹波を直結させようとするものであったことがわかる。また、阪丹電気軌道以外はいずれも妙見山を視野に入れ、軌間は国有化された幹線鉄道と同じ3フィート6インチである。能勢電軌の発端は鉄道国有法公布直前の明治38年にあるが、この事実に留意することが能勢電軌の歴史を眺めるに際して肝要であると思われる。

さて、その歴史については、すでに基本文献として能勢電気軌道株式会社自らが編集発行した『風雪六十年』（1970年）があり、さらに『川西市史第三巻』（1980年）、『豊能町史本文編』（1987年）などが、それぞれ適切な説明を加えている。それ故、本節では行論上必要な限りで重複を恐れぬこととし、叙述の重点は従来類書では全く採用されなかった史料の紹介を論点に置くことにしよう。

明治38（1905）年3月、能勢電気鉄道株式会社は出願された。起点は川辺郡川西村大字寺畑、経過地は多田村、終点は東谷村大字東畦野で、資本金25万円、軌間3フィート6インチ、発起人は赤木豊太郎・魚澄惣一郎・小西豊太郎・山本繁造（いずれも神戸市在住）、桜井米次郎（兵庫県武庫郡在住）、今井正太郎（兵庫県川辺郡立花町在住）、中里喜代吉（大阪府豊能郡細河村在住）、大村涼（大阪府豊能郡池田町在住）の8名であった。能勢妙見への参詣客と丹波亀岡あるいは園部から摂津池田さらには大阪への往来者の輸送を目論見たこの計画は、同40年3月認可となっ

た。翌41年5月、社名を能勢電気軌道株式会社に変更、ついで42年1月には3フィート6インチから4フィート8インチ半への軌間変更も認可された。

　この変更を促した事情は推測するに興味ある点であるが、39年の鉄道国有法公布、40年の箕面有馬軌道株式会社の創立、発起人中における鉄道経営構想の不統一などが考えられてよいであろう。

　それはともかく、43年10月の発電所基礎工事から、会社は開業に向けての工事に着手したが、経理の乱脈、役員の頻繁な交替が続き、事業は一向に進展しなかった。こうした状況下の明治45（1912）年1月に専務取締役に就任、経営陣を立て直して大正2（1913）年4月、一の鳥居－能勢口（川西能勢口）間の開通に漕ぎつけるまで陣頭に立ち事業を推進した中心人物が、太田雪松である。太田の登場は、能勢電軌経営陣における一大変革を伴った。そのことは、その後も一貫して地位を保ったのが、以前から太田と「関係深き」－太田自らの「能勢電気軌道株式会社の真相」での表現－間柄にあった江本謙蔵ただ1人であったところにも示されている。

（中略）

　そこで次に、能勢電軌の経営を引受けるに至った太田雪松の鉄道建設構想を、摂丹鉄道計画から読みとることにしよう。

　摂丹鉄道は明治45年6月に出願されている。太田雪松が能勢電軌の専務取締役に就任するのが同年1月のことであるから、僅か半年足らずの間に立てられた計画である。起点は亀岡町（国有鉄道亀岡駅付近）、経過地は本梅、豊能郡東郷、川辺郡東谷など、終点は豊能郡吉川村大字土井（能勢電軌延長線特許出願中の終点停留所西）で、資本金80万円、軌間3フィート6インチ、動力は蒸気、発起人は太田雪松を中心に先の平野・江本・長谷川のほか兵庫県川辺郡在住者（1名）、大阪府豊能郡在住者（10名）、京都府南桑田郡在住者（18名）、すなわち沿線予定地の住民から成っている。摂丹鉄道はこのような計画のもと、大正2年2月に免許を得るが、事業はその後首尾能く進捗することなく、同8年3月免許状を返納し、これまた幻の鉄道と終った。しかし、ここでこの計画中に注目すべき点は、（i）起点を亀岡町とし、終点を能勢電軌の延長線終点においていること、（ii）軌間を国有鉄道と同じ3フィート6インチとし、動力を蒸気としていること、（iii）発起人の中心に、太田雪松のほか江本・平野の両現任取締役、

長谷川元取締役といった能勢電軌の主要経営陣が名をつらねていること、である（西藤二郎「摂丹鉄道の計画と挫折」『京都学園大学論集』14巻3号所収）。

　上記の事実は、太田雪松は能勢電軌の経営に参加した早々から摂津と丹波を直結する構想を抱いていたことを推測せしめる。もっとも、この構想が彼の独創などでないことはすでに見た通りである。それにしても、摂丹鉄道と社名にその構想を明示して、太田がこの鉄道を全国的な幹線鉄道網の一翼を構成するものにしようと夢見ていたと判断して差支えないであろう。だが、鉄道国有法公布以後の時期になると、私有鉄道は地方的な都市交通手段へと、その機能と位置付けが大きく変る。その点で、太田雪松は鉄道経営者としては、時代の動きを読み取ることに失敗しているとしてよい。能勢電軌・摂丹鉄道と鉄道企業の経営者としての夢をかけた事業が思い通りに稔りを見せなかった時、太田雪松は平常銀行あるいは日本化学香料といった他の分野にその失意をいやすことができたのであろうか。今はもはやそれを知る術もない。

妙見鋼索鉄道の設立

　太田雪松の退陣後、能勢電軌は破産宣告と協諧契約（現行破産法の強制和議にあたる）による更生第1歩という手続をたどり、再建の道を歩みはじめることになる。運輸設備の改善、兼営事業の企画経営、軌道延長の第2期工事の急務など問題山積の中にあって、収入の安定をはかるためには、北摂地方の産物である米穀・薪炭・生鮮野菜・鉱石・鉱泉（平野水・三ツ矢サイダー）などの年間5万トン以上の貨物を院線（現在のJR福知山線）池田駅まで輸送することが急務となった。貨物収入は大正12年の年間2万6000円余をピークとして大正9年から同14年まで2万円台を保ち、一定の成果を挙げたことを知る。しかし、旅客収入に対するその比は、最高の年である大正11年でも4分の1であり、妙見参詣客と沿線住民の足であることが、その主たる業務であったことを示している。

　今日、能勢電軌を語る時、阪急電鉄と妙見ケーブルが、そのイメージを構成する重要な要素であることには、誰しも異論はないであろう。この2つの要素が出来あがるのは、大正11年の第25回定時株主総会においてである。ここで、第3期延長線（一の鳥居－妙見口）工事費と妙見鋼索鉄道株式会社の株式払

込資金や延長線運転に必要な車両購入費として85万円の増資を決議して、資本金を150万円に増額することにした。この結果、うち新株3000株が阪神急行電鉄株式会社（大正7年、箕有電軌から社名変更、現阪急電鉄）に割り当てられることになり、今日にいたる両社の密接な関係が出来たのである。

妙見鋼索鉄道株式会社の発端は、大正8（1919）年にまでさかのぼり得る。この年、東谷村の平井清ほか2名、多田村の笹部義雄、川西村の広末恒太郎、大阪市の森久兵衛ほか1名、西宮町の八馬兼介の発起により妙見登山電車の新設を計画、妙見鋼索鉄道敷設の免許を申請、同11年認可された。その5月に開催の創立総会で資本金の半額を発起人、残り半額を能勢電軌が引き受けることを約し、資本金50万円の妙見鋼索鉄道株式会社が設立された。その結果、同13年1月から工事に着手、翌14年8月に営業を開始した。毎月1日と15日の例祭、正月の初詣、八朔の大祭、とくに日中戦争が激化してからは聖戦完遂、武運長久などの祈願のため、参拝客の利用おびただしく、1日平均1000人の輸送を行なうほどであったという。しかし、昭和19（1944）年2月、国家総動員法により遊休施設として、軍需資材に転用のため撤去されることになり、営業を廃止し、会社は解散した。

妙見ケーブルが営業を再開するのは、敗戦後も時を経て、高度経済成長期のはじまるころ昭和35（1960）年7月のことである。能勢電軌が施設免許権を譲り受けるのは同27年のことであったが、戦後の復興過程がこれだけの時を必要とさせたのかも知れない。もっとも、能勢妙見鋼索鉄道株式会社の再建は、さらにはやくも昭和25年のことであった『風雪六十年』。昭和25年7月5日付『宝塚新報』が、「前のケーブルがその儘になっていてレールの敷設と機械設備だけで修理する程度であるため本年中には完成するものと見られている」と報じているだけに、当時の日本経済の余剰資金力が、いかに脆弱なものであったかを物語る一例ともいえるであろう。

昭和24年ごろから能勢電軌は、吉川村から亀岡町への路線延長計画を立て、関係市町村もこれが促進のため運輸・通産両省へ陳情運動を行なっているが（昭和25年8月5日付『宝塚新報』）同26年にこの計画は中止した。戦後も何とか続けていた貨物営業は同28年度をもって廃止した。能勢電軌は運輸営業のほかに、戦前から事業経営を企画しており、すでに昭和3年、多田新田で土地経営と温泉営業を始め

たが、これの成績は芳しくなかった。戦後は昭和39年に事業部内に土地経営係を新設、折りからの土地ブームに乗って本格的経営に乗り出した。戦中・戦後の風雪を凌ぎ、こうした業態の展開の中に、能勢電軌は猪名川町域に初めて路線を乗り入れることになる日生線の開通に向うことになる。

（中略）

能勢電・日生線の開通とバス路線

昭和53年12月12日、能勢電鉄山下駅から阪急日生ニュータウンまでの鉄道新路線が開通した。

阪急日生ニュータウンは、日本生命保険相互会社が、町南部で建設中の計画人口3万人のマンモス団地である。いうまでもなくここへの電鉄軌道引込みの意義は、ニュータウンの完成で1万人を超すとみられる通勤の足確保にあった。日生ニュータウンは、団地の中心部からもっとも近い能勢電鉄山下駅まで2.7キロメートルあり、猪名川沿いを走る阪急バスは最寄り駅まで遠いうえ、川西市内の鼓ヶ滝付近では慢性的な交通渋滞が続いていた。

そこで日生ニュータウンの造成事業主である日本生命保険相互会社は、能勢電鉄と提携して日生線を建設することとし、47年2月両者の間で協定が結ばれた。複線2.7キロメートル、総工費約75億円のうち山下・日生中央間の軌道新設費64億円は全額を日生が、山下駅周辺整備費11億円は折半で阪急・日生両者が負担した。

電鉄会社が鉄道の利益を受ける開発業者から受益者負担の形で工事資金の提供を受け、新線を建設、運営するのは新しい手法として注目を集めたものだった。

鉄道の強力な旅客輸送能力と、町内に浸透したバス交通網とを結びつけて、大量の日別人口流動を捌くために、2つの輸送機関の結び目となる日生中央駅を焦点とする系統を中心に、バス運行路線の改変や新設が進められた。59年4月、日生中央駅前に、バス・タクシー乗り場のほか駐輪場もある交通広場が完成、阪急バスの本格的な乗り入れが、5月10日から実現した。

『豊中市史』に登場する阪急宝塚線（抜粋）

「遊覧電車」としての人気

明治43（1910）年3月10日、箕面有馬電気軌道の梅田－宝塚間、石橋－箕面間が開業した。同社の神戸線、伊丹線が開業する10年前のことである。13日には沿道の有志、同業者ら約1000人を池田車庫に招待して、開業の祝典が挙行された。池田町は沿線随一の町場として、祝典にふさわしい場所だった。

開業前日の「大阪時事新報」（明43.3.9）にも「10日開通の箕面電車」という宣伝臭の強い一段記事が掲載されている。

まず軌道と車体（合計18両）の点で最新式を採用していることが挙げられた。ついで午前5時から夜半の午前零時まで5分間ごとの運転、梅田－箕面間が25分で運賃15銭（往復は28銭）、梅田－宝塚間は42分で20銭（往復は38銭）、駅は梅田、新淀川、十三、三国、服部、岡町、石橋、池田、花屋敷、山本、中山、清荒神、宝塚と、石橋から分岐する箕面公園、などが説明されている。名所旧跡の説明は、この年代にどこが意識されていたのかがわかる。

開業の年の秋、箕有電軌は、紅葉を求める人びとを多数運んでいた（「大阪時事新報」明43.11.23）。

好調だったが、紅葉が過ぎた12月以降は「乗客頓に減少」と予想され、「遊覧電車」として大きな期待はできなかった。

なお、箕面駅から「箕面の滝」へ続く滝道の入口付近には、公会堂や洋館も建っていた。公会堂は明治44年4月16日に開館し、建物は回廊式で中庭があり、その奥には舞台があったといい、大正8（1919）年に宝塚に移築されて歌劇場として活用されていたが、大正12年に消失した。一方、洋館は店舗貸しされて「カフェーパウリスタ箕面喫店」として、明治44年6月25日に開店した。パウリスタはブラジル語で「サンパウロっ子」の意味で、「ブラジル移民団の結成に尽力した創業者が、他店の6分の1の値段でコーヒーを提供」し開いた（「朝日」平21.10.5夕刊）。箕面喫店はコーヒー専門店としては、大阪で最初の部類に入るものであった。

この洋館は、大正に入り豊中駅西側に移築された可能性が高いことが、平成21（2009）年の地元や市教育委員会の調査で明らかになった。移築されたとみられる場所には、地元の自治会が管理運営する「豊中クラブ自治会館」が建っており、学習会や趣味の同好会など市民の憩いの場として利用されているが、箕面側の写真資料と現存建物の特徴から見て、この2つの建物は同一の可能性が高いと考えられている。

箕面有馬電気軌道の意義

箕面有馬電気軌道設立の理由は、株主にとってみれば、阪鶴鉄道会社の代替物という側面を持っていたが、鉄道の敷設は、人の移動とモノの流通という点で大きな変化を起こしていく。大阪府、北摂、豊中地域も例外ではなく、箕有電軌が確実に地域を変えていった。農村部が住宅地として展開し、人口増を実現していく。農村部の生産物も大阪市という大消費地へ向けた特色を強くしていった。

大阪府内の他の近郊電鉄と同様に、「箕面有馬」という名所・観光地と大阪市を結ぶ路線、「遊覧電鉄」として想定されたものが、「都心と近郊市街地」を結ぶ近郊電鉄として成長し、性格を変えていった。

阪鶴鉄道国有化に伴い、新たな鉄道投資先として企画され、創立された箕有電軌であったが、事前予想に反しての順調な運営は、大阪の実業家たちに淀川以北、いわゆる北摂地域の交通体系を見直すきっかけとなった。明治43（1910）年の箕有電軌開業前後、2つの電鉄案が大阪府に申請されている。

まず3月25日には「吹田伊丹間電鉄」が出願された（「大阪毎日」明43.3.27）。三島郡吹田町から兵庫県川辺郡伊丹町に至る延長約10マイル間の電気軌道を資本金80万円で敷設しようという計画で、発起人は次の大阪の実業家からなっている。

緒方正清、磯野良吉、新部英、渋谷史春、久保盛明、堀内謙吉、岡嶋伊兵衛、樋口彦右衛門、平井嘉平

3月31日には、摂津電気軌道株式会社の特許申請が大阪府庁に提出された（「大阪毎日」明43.4.1）。その計画は、

発起人：才賀藤吉、坪田十郎、木村省吾、大西五一郎ら11人

資本金：110万円

延長：12マイル40鎖

経路：兵庫県武庫郡西宮町－伊丹町－大阪府三島郡吹田町

というもので、兵庫県の実業家を中心にした計画

だった。経路は大阪の実業家案と似ていて、京都と神戸を結ぶ西国街道を活用する案だったと思われる。この申請は翌44年6月末「不許可の指令ありたり」と報じられている（「大阪毎日」明44.6.30）。

こうした北摂における電鉄申請ミニブームは、大阪市と北摂地域を結ぶ箕有電軌に対して、京都と兵庫県を結ぶ流通路という歴史的関係を生かした電鉄を敷設しようという計画であり、それなりの根拠は持っていた。しかし、いずれも実現することなく未完に終わった。

土地住宅経営

小林一三のもくろみにあったように、箕有電軌による土地買収は進展し、「創立当時、当社は沿線各地に25万坪の土地を買収」した。そのうえにさらに池田室町の2万7000坪を買収し、造成を行い、明治43（1910）年6月から住宅地として売り出しを始めた。沿線に住宅地を造成し、貸家とするのは阪神電鉄の方が早かったが、「土地の分譲、地所家屋の月賦販売は、関西においては実に当社をもって嚆矢とする」（前掲『京阪神急行電鉄50年史』）というごとく、箕有電軌のオリジナルであった。開業のほぼ1年前、「大阪毎日新聞」は「摂津の北街道」という地域ルポルタージュを10回連載し、その中で、「岡町」を採り上げた（「大阪毎日」明42.5.9）。

高台にあり、自然が豊かな岡町村は「沿線随一の住居地」とみなされ、称賛されている。岡町に、住宅地買収の事業を展開したのが箕有電軌だった。

（中略）

箕面有馬電気軌道から阪急電鉄へ

大阪市と近郊観光地・箕面や宝塚を結ぶ電車として登場した箕面有馬電気軌道（箕有電軌）は、桜や紅葉の季節には乗車賃の割引を新聞などで宣伝し、手軽な休息を求める大都市住民を引きつけてきた。この動向は、大阪市周辺の近郊電車である、南海、大軌、京阪いずれも同じだった。ただ箕有電軌だけが、積極的に沿線の住民を増加させる住宅地経営に熱心だった。その後、阪神電気鉄道株式会社（阪神電鉄）なども沿線住宅地開発に乗り出した。

大正期に入ると、箕有電軌は、収益減に悩まされ始めた。そこから梅田－宝塚という路線以外の収益路線を探し始めることになった。注目されたのが、兵庫県南部、いわゆる阪神間の地域だった。阪神電

鉄の経営状況は好調で、その原因は大阪市と神戸市を結ぶことにより、中間地帯の尼崎町や西宮町などが、住宅地および工場地域として発展を始めていたからであった。

まず灘循環電気軌道会社（灘循環電軌）の買収問題が起きた。同社は、西宮－神戸間の線路敷設特許権をうけており、それと箕有電軌が連絡して、神戸直通線が期待できたからである。この時期、箕有電軌は、宝塚－西宮間7.7kmの西宝線に着工しており（明治45〈1912〉年2月）、それと連絡する計画だった。経済不況の中で灘循環電軌の存続が危ぶまれると、その買収案が阪神電鉄から提案された。箕有電軌は、対抗策を阪神電鉄に提案して交渉したところ阪神電鉄は買収案を取り下げ、箕有電軌が買収することでまとまり、大正5（1916）年4月の箕有電軌の株主総会は、買収案を承認し、合併申請の運びとなった。

灘循環電軌の買収は、株主訴訟という難問も起きた。これが解決されると、箕有電軌は、積極的に伊丹、神戸方面への路線を模索し始めた。

大正6年から7年にかけて、第1次世界大戦による大戦景気とともに物価が上昇し始めたため、大正7年1月23日には大阪周辺の郊外電車は、石炭価格高騰を理由に、一斉に運賃値上げを申請した（「大阪朝日」大7.1.23夕刊）。大阪府・京都府・兵庫県に運賃値上げの許可申請を提出したのは、南海・阪神・京阪・大軌・箕有・高野の6電鉄会社で、兵庫電気も同調すると報じられた。各社の案は「平均約2割の値上」（「大阪朝日」大7.1.24）で、箕有電軌については、

〈箕面電車〉大阪宝塚間4区は其儘据え置き1区従来の5銭を6銭とし市内引込区間の4銭を5銭となさんとするものにて右値上げによる増収によりて物価騰貴による収入減を補填すると共に従業員に多少の増給を行ふべき旨言明し居れりとまとめている。物価騰貴への対策であったが、「段々従業員が他のよき方に転ずるため故障頻発の状態」（「大阪朝日」大7.1.23夕刊）という従業員対策の面もあった。技術者としての電車従業員を自社に引き留めるには、運賃に反映させるという方法を、各社足並みをそろえて採用した。

大正7年2月、社名が「箕面有馬電気軌道株式会社」から「阪神急行電鉄株式会社」（阪急電鉄）に変更されると、第2期線としての神戸線が、社運をかけた大事業として登場することになった。前年に申

請していた運賃値上げ問題も、同年５月、次のような結着をみた。大阪市内引込み線の１銭値上げは不可、大阪−宝塚間計４区、大阪−箕面間計３区は各１区１銭値上げを許可、定期券は１年制を廃止し、１カ月・３カ月・６カ月の３種とし、約２割の値上げを許可、学生定期は若干値下げ、幼児の定期券を発行して、学生定期の半額とする、12歳未満の児童には全線37銭の回数券を発行など、５月18日実施予定とされた(「大阪朝日」大７．5.16)。

「大阪朝日」大正９年７月11日付は、１ページの３分の１程度を使って、阪急取締役技師長上田寧の「阪急電車に就いて」という文章と、７月15日から運行予定の神戸線のうち、夙川駅付近の写真、神戸線の路線図を掲載した。広告とは銘打っていないが、これは広告と考えてもよいのではないだろうか。経営者ではなく、技術部門の総責任者を前面に出したところに、この時期の阪急の戦略がみえてくるからである。上田技師長は、大阪市を中心とする「郊外電車」として、大軌などを挙げたうえで、此の中には遊覧とか沿道住宅とかの方面に重きを置いたものもあるが、阪急線は阪神の２大都市を連絡したもので、都会の生命たる商工業の活動に資する交通機関の１つでありますと阪急自身を説明している。「遊覧」も「沿道住宅」も、箕有電軌以来の得意な営業科目であったはずで、現代でも阪急電鉄のイメージはその２つを抜いては考えられないが、阪急電鉄は関西の他の近郊鉄道の「遊覧」能力には負けていた。

西宮戎の阪神、住吉神社、我孫子観音の南海、生駒詣での大軌、八幡・桃山御陵・伏見稲荷の京阪と比較すると、阪急沿線は、集客力の強い伝統的な神社仏閣に欠けていた。

前述した大正９年の新聞記事で上田技師長は、「大阪市と神戸市を連絡する、商工業の活動に資する鉄道、という大きな課題が阪急電車だ」との自負の弁を語っている。これまでこの役割を果たしてきたのは、官有鉄道であった。それに対抗するのが、阪急電車の使命というのは、大きな転換である。私鉄と官有鉄道の大きな差は、経営方針にも現れるが、端的には技術の違いがある。輸送量が異なるため、レールなどの完成度、堅固さなどが異なるのである。だから、上田技師長はこの記事で、軌道は19哩３厘(伊丹支線を含む)にて75ポンドのレール使用(現在大阪郊外電車の各軌道に比して５ポンド乃至15ポンド重し)全線専用軌道(道路を併用せず)

とレールについてわざわざ説明している。当時官有鉄道のレールは、50ポンド以上(１m当たりの重さ)の軌条を使用し、阪神電車は、70ポンド(35kg)軌条で、それを100ポンド(50kg)にさらに変更したのは、大正13年６月のことである(『阪神電気鉄道80年史』)。レールは重い方が高速運転には向いていたが、多くの私鉄は路面電車ということから、官有鉄道より軽いレールを使用していた。重いレールを使用している、と述べる上田技師長は、高速運転が可能である、と述べているのと同じであり、そこには都市間高速鉄道をうたっていた阪神電鉄との対抗意識が表れている。

伊原 薫（いはらかおる）

1977（昭和52）年3月、大阪府生まれ。能勢電鉄を初めて訪れたのは小学3年生の頃で、320形をはじめ既に阪急では見られなくなっていた木製の車内に感動し、何度も訪れるようになった。ゼネコン社員を経て2013（平成25）年から鉄道ライター・カメラマンとして活動。『鉄道ダイヤ情報』『鉄道ジャーナル』『鉄道ファン』などの鉄道雑誌をはじめ、旅行雑誌や地域情報誌、webニュースなどでの執筆、テレビ番組への出演や監修、地域公共交通やまちづくりに関する講演やアドバイスなど、幅広く活躍する。京都大学大学院認定の都市交通政策技術者。著書に『関西人はなぜ阪急を別格だと思うのか』『そうだったのか！Osaka Metro』『「技あり！」の京阪電車』（以上交通新聞社）『国鉄・私鉄・JR　廃止駅の不思議と謎』（実業之日本社・共著）など。Twitter ID：@yakumo0323

【写真撮影】

石田 一、宇野 昭、大津 宏、亀井一男、荻原二郎、武田 毅、竹中泰彦、中西進一郎、野口昭雄、林 嶢、諸河 久、諸河久フォト・オフィス、安田就視、山田虎雄、山本雅夫、
（RGG）荒川好夫、岩堀春夫、小野純一、松本正敏、森嶋孝司、
朝日新聞社

【絵葉書提供・文】

生田 誠

昭和〜平成
能勢電鉄、阪急宝塚線・箕面線
沿線アルバム

発行日‥‥‥‥‥‥‥‥‥‥2022年1月5日　第1刷　※定価はカバーに表示してあります。

解説‥‥‥‥‥‥‥‥‥‥伊原 薫

発行者‥‥‥‥‥‥‥‥‥春日俊一

発行所‥‥‥‥‥‥‥‥‥株式会社アルファベータブックス

　　　　　　　　　　　〒102-0072　東京都千代田区飯田橋2-14-5 定谷ビル

　　　　　　　　　　　TEL.03-3239-1850　FAX.03-3239-1851

　　　　　　　　　　　https://alphabetabooks.com/

編集協力‥‥‥‥‥‥‥‥株式会社フォト・パブリッシング

デザイン・DTP ‥‥‥‥柏倉栄治

印刷・製本‥‥‥‥‥‥‥モリモト印刷株式会社

昭和～平成

阪急京都線、千里線、嵐山線沿線アルバム

山田 亮、生田 誠

千里線内を走る100系と2300系のすれちがい。南千里～北千里間は1967年3月1日に開業した。
◎山田～北千里　1972（昭和47）年頃　撮影：野口昭雄

1章
カラーフィルムで記録された
阪急京都線、千里線、嵐山線

2章
モノクロフィルムで記録された
阪急京都線、千里線、嵐山線

桂川を渡る3ドア化された2800系の急行河原町行。この2812 ～の編成は1978年6月に3ドア化された。◎西京極～桂　撮影：野口昭雄

はじめに

　阪急京都線は、筆者（生田）にとって思い出深い鉄道路線である。もちろん、戦前の新京阪鉄道、京阪新京阪線のことは知らないが、1963（昭和38）年に（四条）河原町駅に延伸してからは、当時の自宅（京都市東山区）から歩いて行かれる駅であり路線となった。高校時代は定期券を買って河原町〜大宮間で通学していたし、その後、新聞社の大阪本社に勤務していた頃は河原町〜（大阪）梅田間で通勤に使っていた。その以前には、大阪万博の見学の際にも利用していた。また、千里線では万博閉幕後の1974（昭和49）年、万博記念公園で開催された中華人民共和国展覧会に行ったこともあった。

　そんな京都本線、千里線、嵐山線について、ここに1冊の本にまとめることができるのは大きな喜びである。古い沿線の風景については、いい資料がなかなか見つからないが、これまで収集してきた絵葉書、路線図の一部を紹介できたこともうれしい出来事だった。さらに、さまざまな所蔵家、諸機関から貴重な鉄道写真などをご提供していただき、これまでにない内容の本が出来上った。ただ、阪急の京都本線、千里線、嵐山線は、3線を合わせると長い距離を走っており、沿線に40駅が存在していることから、十分に紹介できなかった点もあるのはお許しいただきたい。本書が多くの方々の目にとまることを希望し、簡単なまえがきとさせていただいた。

生田　誠

淡路2号線停車中の1300系4両の北千里発天神橋行。最後部の1300形1304は登場時は2ドア、ロングシートで後に3ドア化された。淡路で京都線、千里線が相互に接続し、写真右奥に2300系梅田行が見える。
◎淡路　1967（昭和42）年9月10日　撮影：荻原二郎